I0517614

www.ingramcontent.com/pod-product-compliance
Lightning Source LLC
Chambersburg PA
CBHW071018120626
46546CB00003B/1147

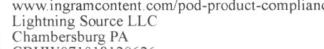

*9 7 8 1 9 5 4 8 5 8 5 8 9 *

الصفات من الله

فهم من هو إله الكتاب المقدس الحقيقي

رام كريشنامورثي

الصفات من الله

فهم من هو إله الكتاب المقدس الحقيقي

رام كريشنامورثي

هَذَا الظُّهُورُ سَوْفَ يُتَمِّمُهُ اللهُ فِي وَقْتِهِ الْخَاصِّ، هُوَ السَّيِّدُ الْمُبَارَكُ الأَوْحَدُ، مَلِكُ الْمُلُوكِ وَرَبُّ الأَرْبَابِ، الَّذِي وَحْدَهُ لَا فَنَاءَ لَهُ، السَّاكِنُ فِي نُورٍ لَا يُدْنَى مِنْهُ، الَّذِي لَمْ يَرَهُ أَيُّ إِنْسَانٍ وَلا يَقْدِرُ أَنْ يَرَاهُ. لَهُ الْكَرَامَةُ وَالْقُدْرَةُ الأَبَدِيَّةُ. آمِين!

– تيموثاوس الأول 6:15-16

هذا الكتاب لمس قلوب وعمق فهم المترجمين له الى العربية أولا قبل ان يلمس قلوب القراء الاعزاء

فهم غايتنا النهائية هل تساءلت يومًا عن أعمق سؤال في الحياة؟ يعلن التعليم المختصر لوستمنستر بجرأة أن الغاية الرئيسية للبشرية هي تمجيد الله والاستمتاع به إلى الأبد. ومع ذلك، يعتمد هذا البيان العميق على أساس حاسم واحد: الفهم الحقيقي لطبيعة الله.

في عمله المقنع "صفات الله"، يقدم رام استكشافًا مضيئًا يتجاوز مجرد الخطاب اللاهوتي. علاوة على ذلك، يعمل هذا الكتاب كبوصلة روحية، توجه القراء عبر المشهد المعقد للصفات الإلهية.

ربط الفهم المحدود بالحكمة اللامتناهية على الرغم من محدوديتنا البشرية، يدعونا الله إلى علاقة أعمق. كما يذكرنا المزمور 145:3، عظمته تتجاوز الفهم الكامل. ومع ذلك، فإن العهد الجديد يعد بمعرفة حميمة متاحة للجميع - من الأقل إلى الأعظم.

هذا الكتاب بأسلوبه التعبدي لا يكتفي بإعلامك؛ بل يغيرك. سواء كنت مسيحيًا ملتزمًا أو شخصًا فضوليًا حول الإيمان، فإن رؤى رام تقدم دعوة مقنعة لاستكشاف الصفات الإلهية.

احتضان الدعوة الإلهية ما الذي يمنعك من فهم الله الذي خلقك؟ هذا الكتاب يزيل الحواجز اللاهوتية، ويقدم طبيعة الله من خلال أمثلة يمكن الارتباط بها وتطبيقات عملية.

بدراسة صفات الله، لا تكتسب المعرفة فقط - بل تبدأ رحلة روحية تغير حياتك. كل صفحة تتحداك للتحرك من الملاحظة السلبية إلى المشاركة الروحية الفعالة.

د. احمد قحطان
الولايات المتحدة الامريكية
2025\2\2

المقدمة: استخدام هذا الكتاب

أشكرك جزيل الشكر على قراءة هذا الكتاب الذي يتناول اثنتي عشرة صفة من صفات الله. والهدف من هذا الكتاب هو مساعدة القارئ على اكتساب فهم جيد للطبيعة الحقيقية لإله الكتاب المقدس. ورغم أن هذا الكتاب ليس دراسة متعمقة لهذا الموضوع الشاسع ولم يُكتبَ في المقام الأول للعلماء، إلا أنه لا يزال قائمًا على الأساس المتين للكتاب المقدس.

كل فصل قصير بشكل عام، ويحتوي على تطبيقات للمؤمنين وجذاب لغير المسيحيين. يتم توفير أسئلة للمناقشة في نهاية كل فصل لتحفيز التغييرات العملية في الحياة. يتم سرد آية من الكتاب المقدس تحت كل صفة للتأمل والحفظ. تتم إضافة قائمة من الترانيم/الأغاني التي يمكن استخدامها لتمجيد الله على صفة معينة. ولإكمال كل فصل، يتم تقديم صلاة قصيرة للمساعدة في العيش في ضوء تلك الصفة.

فيما يلي بعض الطرق التي يمكن من خلالها استخدام هذا الكتاب:

- قراءة خاصة.

- دراسة الكتاب المقدس في مجموعات صغيرة.

- أداة لتلمذة المؤمنين الجدد. (ستكون وسيلة مفيدة لبدء المؤمنين الجدد على طريق معرفة والاستمتاع بإله الكتاب المقدس المجيد!)

- تُعطى لصديق أو أحد أفراد العائلة الذي لم يصبح مسيحياً بعد ولكنه قد يكون منفتحًا على معرفة المزيد عن إله الكتاب المقدس.

- القساوسة الذين قد يرغبون في تعليم جماعتهم عن صفات الله المختلفة. (يتم تقديم خيارات الأغاني في نهاية كل فصل لمساعدةأولئك الذين يقودون خدمة الموسيقى عندما يتم التبشير بتلك الصفة المحددة من صفات الله.)

- بالإضافة إلى ما سبق، إذا كنت أنت أو شخص تعرفه يعاني من صعوبات في بعض مجالات الحياة، فإن أجزاء من هذا الكتاب قد تكون مفيدة.

- على سبيل المثال، عند مواجهة القلق، قد يكون الفصل "حضور الله" مفيدًا.

- عندما تبدو الأمور ضدك، فإن فصل "سيادة الله" قادر على تهدئة الروح المتعثرة.

- إذا كان هناك صراع للتغلب على الخطيئة، فإن فصول "قداسة الله" و "حب الله" يمكن أن تساعد في ذلك.

- إذا كنت تتصارع مع اتخاذ قرار، فإن الفصل "حكمة الله" قد يكون بمثابة دليل لك.

لذا، كما ترى، يمكن استخدام هذا الكتاب لأغراض مختلفة. كما توجد قائمة بالمصادر في النهاية والتي تم الرجوع إليها أثناء إعداد هذا الكتاب، ولكنها قد تساعدك أيضًا على فهم أعمق لهذا الموضوع الحيوي.

أدعو الله بصدق أن يرضى عنك استخدام هذا الكتاب لمساعدتك على النمو في معرفتك به وحبك له.

بالمناسبة، لا يوجد جزء من هذا الكتاب محمي بحقوق الطبع والنشر. ولا يلزم ذكر اسم المؤلف أيضًا. لذا، فلا تتردد في استخدامه حسب الحاجة. المجد وحده.

في المسيح،

رام كريشنامورثي

المقدمة: لماذا ندرس صفات الله؟

أ.و. توزر في كتابه الشهير "معرفة المقدس" بحق:

> "إن المفهوم الصحيح لله هو أمر أساسي ليس فقط لعلم اللاهوت انظامي ولكن أيضًا للحياة المسيحية العملية... أعتقد أنه لا يوجد خطأ في العقيدة أو فشل في تطبيق الأخلاق المسيحية لا يمكن إرجاعه في النهاية إلى أفكار غير كاملة وغير لائقة عن الله.

لذا، إذا كنا نرغب في أن نعيش الحياة المسيحية بطريقة مرضية ومقبولة لدى الله، فيتعين علينا أن نسعى إلى تكوين تصور سليم عنه. وبما أن إله الكتاب المقدس لا يمكن فهمه إلا من خلال صفاته، فمن الأهمية بمكان أن ندرسها. وهذا هو هدف هذا الكتاب القصير: دراسة صفات الله، وبالتالي النمو في فهمنا لها.

آمل أن تجد التشجيع والتحفيز لمواصلة دراسة هذا الموضوع بشكل أعمق. إنها دراسة تستمر مدى الحياة وتؤدي إلى بركات عظيمة، خمسة منها مذكورة أدناه.

خمس بركات في دراسة صفات الله

البركة رقم 1: تساعدنا على تقديم عبادة مقبولة.

يأمرنا كاتب رسالة العبرانيين أن "نعبد الله عبادة مقبولة بخشوع وخشوع" عبرانيين 12: 28. كيف يمكننا أن نفعل هذا ما لم نفهم من هو؟ وبما أنه لا يمكن فهم الله إلا من خلال صفاته، فيجب أن ننمو في فهمنا لهذه الصفات لنعبده بالطريقة التي يراها مقبولة.

البركة الثانية: أنها تُرضي الله.

تصف كولوسي 1: 10 أن الحياة التي تكرم الرب وترضيه هي تلك التي "تنمو باستمرار في معرفة الله". بما أن الله لا يمكن معرفته إلا من خلال صفاته، فلا

يمكننا أن ننمو في معرفة الله إلا إذا درسنا صفاته كما كشفت لنا في الكتاب المقدس. وهذا ما يجعل اللاهوت، الذي يعني دراسة الله، ضروريًا للنمو المسيحي. إنه سوء فهم أن نعتقد أن اللاهوت مخصص فقط للفرع العلمي من المسيحية. على العكس من ذلك، فإن اللاهوت مخصص لكل مسيحي. لماذا؟ لأن كل مسيحي يجب أن يسعى لإرضاء الله من خلال النمو في فهمه لطبيعته!

البركة رقم 3: تحمينا من أن يكون لدينا رؤية خاطئة عن الله.

لقد قيل أن شخصية الإنسان تتحدد بالضرورة من خلال شخصية الإله الذي يعبد. وإذا كانت وجهة نظرنا عن إله الكتاب المقدس خاطئة، فإن هذا لن يؤثر على عبادتنا له فحسب، بل سيؤثر أيضًا على شخصيتنا. ولهذا السبب من الأهمية بمكان أن ننتبه إلى تحذير توزر في بداية هذا الفصل. إن الافتقار إلى الفهم الصحيح لصفات الله سيؤدي إلى رؤية خاطئة لله وينتج عن ذلك حياة تفشل في إرضائه. ولهذا السبب فإن دراسة صفات الله ذات أهمية كبيرة. ومن المتفق عليه أن حتى دراسة صفات الله طوال العمر .ن تسفر عن فهم كامل لصفاته لأنه من المستحيل على المخلوقات المحدودة أن تفهم إلهًا لانهائيًا بشكل كامل.

ولكننا خُلِقنا على صورة الله. وهذا يعني أننا نتمتع بالقدرة الفطرية على ربط حقائق معينة عن الله. وبعد أن خُلِقنا من جديد في المسيح 2 كورنثوس 5: 17 وبفضل العمل التنويري المستمر للروح القدس الساكن فينا 1 كورنثوس 2: 13، يمكننا أن نعرف الله أكثر فأكثر. وحتى بعد 25 عامًا من الخدمة، كانت رغبة بولس المستمرة أو هدفه هذا: "أريد أن أعرف المسيح" فيلبي 3: 10. فليكن هذا هدفنا المستمر أيضًا.

البركة رقم 4: تنتج الفرح في قلوبنا.

يقول كتاب تعليم وستمنستر أن الغاية الأساسية للإنسان هي تمجيد الله والتمتع به إلى الأبد. ومع نمو معرفتنا بالله، يزداد حبنا له، وتزداد طاعتنا أيضًا. ونتيجة لذلك، ينتج الروح القدس المزيد من الفرح في حياتنا غلاطية 5: 22. كم هي مشجعة كلمات الواعظ الشهير في الماضي، تشارلز سبورجون:

> انغمس في أعمق بحر للاهوت؛ وانغمس في عظمته؛ وستخرج منه كما لو كنت من سرير الراحة منتعشًا. لا أعرف شيئًا يمكنه أن يعزّي الروح، أو يهدئ أمواج الحزن والأسى المتصاعدة،

أو ينشر السلام في رياح المحنة، مثل تأمل متدين في موضوع اللاهوت.

البركة رقم 5: تساعدنا على الاستجابة للمعاناة بطريقة كتابية.

إن المعاناة حقيقة واقعة في عالم مكسور رومية 8: 20. وحتى المسيحيين ليسوا بمنأى عنها. وفي كثير من الأحيان، لا توجد إجابات مثالية أو حتى مقبولة للمعاناة التي قد نواجهها. وخلال مثل هذه الأوقات، سنتعرض لإغراء التشكيك في طرق الله، والسقوط في الإحباط واليأس الشديدين، وحتى الابتعاد عنه. ومع ذلك، مع نمو فهمنا لطبيعته، تزداد ثقتنا فيه. وبينما يحدث ذلك، فبدلاً من البحث عن إجابات لجانب "لماذا" من المعاناة، سنجد الراحة في الله، مدركين أنه لم يتخل عنا وسيعيدنا إلى الوطن سالمين كما وعد فيلبي 1: 6.

لقد وجد أيوب الصالح أن هذا صحيح. فقد واجه معاناة لا يمكن تصورها وكان يكافح مع العديد من الأسئلة وتمنى لو كان بإمكانه طرح هذه الأسئلة مباشرة على الله أيوب 13: 3. ولكن عندما كشف الله أخيرًا عن نفسه لأيوب، لم يضع أيوب يديه على فمه فحسب، بل تاب أيضًا عن التحدث بأشياء لم يفهمها أيوب 40: 4، 42: 4-6. ورغم أن أيوب لم يحصل أبدًا على إجابات لأسئلته، إلا أنه كان بإمكانه أن يرتاح ببساطة في النمو في فهمه لله. وينطبق نفس الشيء عليك وعليّ. فكلما فهمنا شخصية الله أكثر، كلما تعاملنا مع المعاناة بطريقة كتابية، أي الاستمرار في التمسك به بالإيمان، وعدم التشكيك في طرقه، وعدم الوقوع في الإحباط واليأس، وعدم الابتعاد عنه.

آمل أن تحفزنا هذه البركات الخمس على متابعة دراسة صفات الله طيلة حياتنا. ولكن قبل أن ندرس صفاته، دعونا نلقي نظرة على بعض الحقائق الأساسية حول هذا الموضوع.

حقائق أساسية حول صفات الله

ما هو. الصفة هي ميزة أو خاصية متأصلة في شخص ما. وعندما نشير إلى صفات الله فإننا نتحدث عن الصفات المتنوعة المتأصلة والثابتة في طبيعته والتي تم الكشف عنها لنا في الكتاب المقدس.

ما ليس كذلك. إن صفات الله المختلفة ليست أجزاء مكونة لله. بعبارة أخرى، الله ليس 10% محبة، و15% قداسة، و5% رحمة، وهكذا. كل صفة تصف كيانه بالكامل. على سبيل المثال، الحب ليس جزءًا من طبيعة الله؛ الله، في كيانه بالكامل، هو محبة. القداسة ليست جزءًا من طبيعة الله؛ الله قدوس في كيانه بالكامل. البر ليس جزءًا من طبيعة الله؛ الله بار في كيانه بالكامل.

ولا يستطيع الله أن يتنازل عن إحدى صفاته بينما يُظهِر صفة أخرى. بعبارة أخرى، نفس الإله الذي هو محبة 1 يوحنا 4: 8 هو أيضًا نفس الإله الذي يُظهِر الغضب مزمور 5: 5. لذا، من المهم ألا نستنتج أنه بما أن "الله محبة"، فإنه سيخلص جميع الناس في النهاية. من هو محبة هو أيضًا قدوس ويُظهِر الغضب. لهذا السبب يجب أن تُذكَر عبارة "الله يحب الخاطئ، ولكنه يكره الخطيئة" بحذر شديد.

في حين أن الله ينقذ الخطاة التائبين بسبب طبيعته المحبة، فإنه لابد وأن يدين الخطاة غير التائبين في النهاية بإلقائهم في الجحيم الأبدي بسبب شخصيته المقدسة. إن الله لا يعاقب الخطيئة فقط، بل يعاقب أيضًا الخاطئ الذي يستمر في الخطيئة دون أن يلجأ إليه من خلال الإيمان بابنه يسوع المسيح. ولهذا السبب عندما ندرس صفات الله، يجب أن نحرص على عدم التركيز على إحدى صفاته على حساب الصفات الأخرى. فالله هو مجموع كل الكمالات.

يمكن تصنيف صفات الله على نطاق واسع إلى فئتين: غير قابلة للنقل وقابلة للنقل.

الصفات غير القابلة للنقل. هذه هي الصفات التي تخص الله وحده، ولا تنتقل إلينا. ومن الأمثلة على ذلك وجود الله بذاته، والقدرة المطلقة، والعلم بكل شيء، والحضور في كل مكان، وما إلى ذلك.

الصفات القابلة للتواصل: وهي صفات الله التي نستطيع أن نمتلكها إلى حد محدود. ومن الأمثلة على ذلك الحب والرحمة واللطف وما إلى ذلك.

أعترف أنه ليس من السهل دائمًا تصنيف بعض الصفات على أنها تنتمي بدقة إلى فئة واحدة ولا تنتمي إلى فئة أخرى. على سبيل المثال، في حين أن العلم بكل شيء صفة غير قابلة للتواصل، فإننا نحن البشر نمتلك المعرفة، حتى لو كانت محدودة مقارنة بالله العليم بكل شيء. لذا، يجب أن نحرص على عدم التركيز كثيرًا على فئة الصفات. بدلاً من ذلك، يجب أن ينصب التركيز على دراسة الصفات نفسها.

وبناءً على هذه الأفكار الأولية، دعونا ندرس بصلاة بعض صفات الله في الصفحات التالية.

الصفة الأولى: قداسة الله

إن قداسة الله لا تشير فقط إلى انفصاله الكامل عن الخطيئة بكل أشكالها، بل أيضًا إلى حقيقة أنه طاهر تمامًا ومنفصل عن بقية خلقه.

ولعل هذا القياس يساعدنا على فهم الوصف المذكور أعلاه لقداسة الله بشكل أفضل:

ماذا يعني أن تكون بصحة جيدة؟ لا يعني ذلك غياب المرض فحسب، بل يعني أيضًا ضخًا إيجابيًا للطاقة. القداسة هي غياب الشر ووجود الحق الإيجابي. في الله، القداسة هي نقاء الوجود والطبيعة وكذلك الإرادة والفعل.

وفقا لأحد الكتاب:

يرى كثيرون أن القداسة هي أهم صفة من صفات الله، لأن القداسة تشمل كل صفات الله الأخرى وتتفق مع كل ما هو عليه وما يفعله. وهناك عدة سمات متضمنة في قداسة الله.

إنها تحتوي على تأكيد متسامي، مما يشير إلى "أنه متميز تمامًا عن جميع مخلوقاته ومرتفع فوقهم في جلال لا نهائي ... إشعياء 15:57 يصف تجاوزه: إنه "عالي ومرتفع"، يعيش في "مكان مرتفع ومقدس".

إن كلمة "قداسة" تشير إلى نقاء الله العظيم أو جلاله الأخلاقي. وأساس هذا التأكيد هو سفر اللاويين 11: 44، 45: "كونوا قديسين لأني أنا قدوس". ولأن الله طاهر أخلاقياً، فلا يمكنه أن يتسامح مع الشر أو أن يكون له أي علاقة به مزمور 11: 4-6. وفي قداسته، يكون الله هو المعيار الأخلاقي؛ فهو الناموس. وهو الذي يضع المعيار.

لا نجد في الكتاب المقدس سوى ذكر صفة من صفات الله ثلاث مرات متتالية: قداسته. فالقداسة "أكثر من أي صفة أخرى، يتم الاحتفال بها رسميًا

أمام عرش السماء، حيث ينادي السرافيم: "قدوس، قدوس، قدوس، رب الجنود" إشعياء 6: 3. والواقع أن القداسة قد تكون "صفة كل الصفات".

ونستطيع أن نرى قداسة الله تتجلى في ثلاثة مجالات على الأقل.

1. إن قداسة الله تتجلى في طبيعته

إن قداسة الله تعني أنه منفصل تمامًا عن الخطية. هذه الحقيقة واضحة من 1 يوحنا 1: 5، حيث قيل لنا، "الله نور". لاحظ أن النص لا يقول إن الله نور بين العديد من الأنوار الأخرى أو أن الله لديه نور. بدلاً من ذلك، يقول إن الله نور. تمامًا مثل "الله روح" يوحنا 4: 24 أو "الله محبة" 1 يوحنا 4: 8 ب، فإن الله قدوس أيضًا في جوهره. فيما يلي بعض الآيات التي تسلط الضوء على هذا الموضوع:

خروج 15: 11 من مثلك بين الآلهة يا رب؟ من مثلك مهيب في القداسة، مهيب في المجد، صانع عجائب؟

1 صموئيل 2: 2 ليس قدوس مثل الرب. ليس غيرك. ليس صخرة مثل إلهنا.

2. إن قداسة الله تتجلى في أعماله

إن قداسة الله لا تظهر فقط في طبيعته، بل أيضًا في كل الخليقة ومن خلال الكتاب المقدس.

في الخلق، يذكر سفر التكوين 1: 31 بوضوح أنه عندما خلق الله كل شيء في الأصل، كان نقيًا وخاليًا من الخطيئة.

في الكتاب المقدس، تقول رسالة رومية 7: 12، "إذن، الناموس مقدس، والوصية مقدسة وعادلة وصالحة". ولهذا السبب يُطلق على الكتاب المقدس اسم "الكتاب المقدس".

وهكذا، سواء في الخليقة، المعروفة أيضًا باسم الوحي العام لله، والذي هو محدود بطبيعته، أو في الكتاب المقدس، المعروف أيضًا باسم الوحي الخاص لله، حيث يكشف الله المزيد عن نفسه، فإن قداسة الله تتجلى في أعماله. ووفقًا

13

لأحد الكتاب، "القوة هي يد الله، والعلم بكل شيء عينه، والرحمة أحشاؤه، والأبدية مدته، لكن القداسة هي جماله". فلا عجب أن يرى أولئك الذين تحرروا من قوة الخطيئة أن قداسة الله هي أجمل صفاته.

3. إن قداسة الله تتجلى في استجابته للخطيئة

ويعزز الرسول يوحنا العبارة الإيجابية القائلة بأن "الله نور" 1 يوحنا 1: 5أ بقوله: "ليس فيه ظلمة البتة" 1 يوحنا 1: 5ب. وبما أن الله نور، فلا يمكن أن يكون نقيض النور، الذي هو ظلمة. وكما لا يمكن أن يتلوث النور، فلا يمكن أن يكون الله فيه ظلمة. ولهذا السبب يكره الله كل أشكال الخطيئة لأن الظلمة تشير إلى الخطيئة يوحنا 3: 19.

نقرأ في سفر حبقوق 1: 13 رد فعل الله على الخطيئة، "إن عينيك أطهر من أن تنظرا إلى الشر، ولا تطيقان الإثم". وكما يحب الله الطاهر تمامًا، فإنه يكره أيضًا النجس أو غير المقدس تمامًا. يقول سفر الأمثال 15: 9، " يكره الرب طريق الأشرار، لكنه يحب الذين يسعون إلى البر". ولأن الله يكره الشر، فيجب عليه أيضًا معاقبة الشر. الطوفان في زمن نوح، وتدمير سدوم وعمورة، ومحاكمة فرعون والمصريين لاستعبادهم اليهود، هي أمثلة قليلة تثبت هذه الحقيقة.

ولكن المثال الأعظم لكراهية الله للخطية نراه في حكمه على ابنه يسوع الذي حمل خطايانا على الصليب. فعندما حمل الرب يسوع خطايانا على الصليب، أطلق الله غضبه الكامل على ابنه الحبيب. ولم يقلل الله من قداسته لأن ابنه عانى على الصليب. ولم يخفض معيار بره لتلبية احتياجات ابنه. وهذا هو مقدار كراهية الله للخطية. فهو لا يتنازل أبدًا عن أي تنازل مع الظلمة.

استجابتنا لقداسة الله

إذن، ما الذي يجب أن يكون رد فعلنا تجاه قداسة الله؟ يلخص الرسول بطرس هذا الأمر بشكل جيد في رسالته الأولى بطرس 1: 14-16 مأخوذة من سفر اللاويين 11: 44-45 و19: 2، والتي تنص على: "كأولاد طائعين، لا تتماشوا مع شهواتكم الشريرة التي كانت لكم حين كنتم تعيشون في جهل. بل

كما هو القدوس الذي دعاكم، فكونوا قديسين في كل عمل. لأنه مكتوب: كونوا قديسين لأني أنا قدوس". وكما قال أحد الكتاب بحق: "هذه هي الطريقة الأساسية لتكريم الله. فنحن لا نمجد الله بالإعجاب المتعالي، أو التعبيرات البليغة أو الخدمات الفخمة له، كما هو الحال عندما نطمح إلى التحدث معه بأرواح نقية، ونعيش له في الحياة مثله ".

في تعليم ربنا عن كيفية صلاتنا، يبدأ الجزء الأول من الطلب بـ: "ليتقدس اسمك" متى 6: 9 أو "ليكن اسمك مقدسًا" (ترجمة الحياة الجديدة). وأفضل طريقة لتكريم إله قدوس هي أن نعيش حياة مقدسة. والتقليد هو الاستجابة المناسبة للإعجاب! هذه الصلاة التي ينطق بها المؤمن القديم تجسد جوهر شوق المؤمن إلى القداسة لأن الله قدوس:

يا إلاهي،

أشعر أنه من الجنة أن أرضيك وأن أكون ما تريدني أن أكون.
يا ليتني كنت قديسًا كما أنت قدوس، نقيًا كما المسيح نقيًا،
كاملًا كما أن الروح القدس كامل!

أشعر أن هذه هي أفضل الوصايا في كتابك، فهل يجب أن أخالفها؟ هل يجب أن أخالفها؟ هل أنا تحت مثل هذه الضرورة طالما أعيش هنا؟

ويل لي أني خاطئ، أني أحزن هذا الإله المبارك، الذي هو لانهائي في الصلاح والنعمة...

ماذا أفعل لأمجد وأعبد هذا الكائن الأفضل؟ يا ليت روحي وجسدي أكرسهما لخدمته، بلا قيد أو شرط، إلى الأبد !

يا ليت بإمكاني أن أسلم نفسي له، حتى لا أحاول مرة أخرى أن أكون ملكي! أو أن تكون لي أية إرادة أو مشاعر لا تتوافق تمامًا مع إرادته وحبه!

عبرانيين 12: 14ب تنص بوضوح على أنه "بدون القداسة لن يرى أحد الرب". إن غرض الله من تأديب أولاده هو أن "يشتركوا في قداسته" عبرانيين 12: 10ب. لقد أُمرنا بفصل أنفسنا عن كل ما "ينجس الجسد والروح، مكملين القداسة في مخافة الله" 2 كورنثوس 7: 1ب. يجب أن نقدم أنفسنا باستمرار "ذبيحة حية مقدسة مرضية لله" رومية 12: 1ب. ألا تدعو

هذه الآيات إلى التعامل الجذري مع الخطيئة والسعي الدؤوب إلى القداسة التي تغذيها نعمته والاعتماد على الروح القدس؟

ولهذا فإن نقطة البداية بالنسبة لأولئك الذين لم يضعوا إيمانهم في يسوع هي أن يلجأوا إليه دون تأخير. فلا يمكنك أن تهرب من هذا الإله القدوس. فالكتاب المقدس يذكر بوضوح أن هناك دينونة قادمة في المستقبل. وإذا مت دون أن تغفر خطاياك من خلال يسوع، فإن مستقبلك سيكون مظلماً للغاية. وسيكون مكان الإقامة النهائي لجميع هؤلاء الناس هو بحيرة النار رؤيا 20: 14، والتي تسمى أيضاً الجحيم متى 5: 29، حيث سيقضون الأبدية في ألم وعذاب واعيين. والجحيم هو أيضاً المكان الذي سيُلقى فيه الشيطان وشياطينه للعقاب الأبدي رؤيا 20: 10؛ متى 25: 41.

لذا، أناشدكم بصدق في محبة: ابتعدوا عن خطاياكم وتوجهوا إلى المسيح اليوم. "اليوم، إن سمعتم صوته فلا تقسوا قلوبكم" عبرانيين 4: 7ب. يسوع هو السبيل الوحيد الذي يمكن من خلاله غفران خطاياكم. ومن خلال يسوع وحده يمكنك أن تتصالح مع هذا الإله القدوس. ادع يسوع ليخلصك، وبهذه الطريقة، اختبر فرحة محو خطاياك. وحينها (وحينها فقط) ستمتلك القوة لمتابعة أسلوب حياة مقدس من خلال الروح القدس - سواء في الفكر أو العمل.

تذكر أن "الله نور وليس فيه ظلمة البتة" 1 يوحنا 1: 5. ليس لله أي علاقة بالظلمة، وبصفتنا أولاده، فلا يمكننا أن نتعامل مع الظلمة بأي شكل من الأشكال. إن طرق الله هي الأفضل دائمًا لأنها طريق القداسة. إنها طريق الحياة والنور؛ فلا يوجد سبب للتعثر أو التيه. وكلما كانت نظرتنا إلى الله أعلى، كلما كانت مسيرتنا أكثر قداسة. فليكن موقفنا تجاه هذا الإله القدوس مثل هذا الصبي الصغير الذي عندما رفض أن يخطئ، سخر منه صديقه بهذه الكلمات: "أنت خائف من أن يؤذيك والدك". فأجابه ببراعة: "ليس حقًا. أنا خائف من أن أؤذيه ".

هذه هي عقلية الشخص الذي لم يعد يسير في الظلمة بل في النور. نحن نكره الخطيئة لأنها تؤذي الله. نحن نكره الخطيئة ليس فقط بسبب ما تفعله بنا ولكن في المقام الأول بسبب ما تفعله بمخلصنا المحب. لذا، إذا كانت هناك أي خطيئة نحتاج إلى الابتعاد عنها، فلنفعل ذلك دون تأخير بالاعتماد على قوة الروح القدس!

أسئلة للمناقشة

- كيف أثر هذا الإصحاح على وجهة نظرك حول قداسة الله؟

- ما هي التغييرات التي يمكنك إجراؤها في حياتك في ضوء هذه الصفة من صفات الله؟

- كيف تؤثر هذه الصفة من صفات الله على صلواتك؟

- كيف تؤثر هذه الصفة من صفات الله على تبشيرك؟

آية كتابية للتأمل والحفظ

خروج 15: 11 –من مثلك بين الآلهة يا رب؟ من مثلك مهيب في القداسة، مهيب في المجد، صانع عجائب؟

الصلاة

يا رب، اجعلني مقدسًا مثل الخاطئ المغفور له.

الصفة الثانية: قدرة الله

تشير قوة الله إلى قدرته على القيام بكل ما يخطط للقيام به بما يتفق مع شخصيته المقدسة.

قال داود في المزمور 62: 11ب: "القوة لك يا الله". القوة لله والله وحده. مصطلح "القدير" تكوين 17: 1؛ خروج 6: 3؛ 2 كورنثوس 6: 18؛ رؤيا 1: 8 يعني أن الله وحده يمتلك كل القوة والسلطة. يظهر أكثر من 50 مرة في الكتاب المقدس ويستخدم لوصف الله وحده. القدرة المطلقة ، وهي كلمة أخرى تستخدم لوصف الله بأنه كلي القدرة، مشتقة من كلمتين لاتينيتين: omni، وتعني كل شيء، و potens، وتعني قوي. في الواقع، تُستخدم كلمة "القوة" أيضًا كاسم لله، كما هو موضح في مرقس 14: 62 عندما قال يسوع للقادة الدينيين، "سوف ترون ابن الإنسان جالسًا عن يمين القدير" أو "يمين القوة" كما في NASB وESV. بدلاً من قول يمين الله، ذكر يسوع يمين القدير أو القوة، مما يعني ضمناً أن الله والقوة لا ينفصلان.

إن قوة الله لا تشبه قوتنا. إن قوتنا هي قوة مستعارة - مكتسبة من الخارج - من الله. إن قوة الله متأصلة في ذاته. فهو لا يحتاج إلى الاعتماد على الآخرين للحصول على قوته أو التشاور معهم حول كيفية استخدامه لقوته أو عدم استخدامه لها. فهو القادر على كل شيء!

قال أحد الكتاب بحق:

> إن قوة الله هي تلك القدرة والقوة التي يستطيع بها أن يحقق كل ما يشاء، وكل ما توجهه حكمته اللانهائية، وكل ما تحله نقاء إرادته اللانهائية... وكما أن القداسة هي جمال كل صفات الله، فإن القوة هي التي تعطي الحياة والعمل لكل كمالات الطبيعة الإلهية.
>
> كم تكون المشورة الأبدية باطلة إذا لم تتدخل القوة لتنفيذها. فبدون القوة، لن تكون رحمته سوى شفقة ضعيفة، ووعوده مجرد صوت فارغ، وتهديداته مجرد فزاعة. إن قوة الله

تشبهه: لا نهائية، أبدية، غير مفهومة؛ لا يمكن للخليقة أن تكبحها أو تقيدها أو تحبطها.

لذا فإن السؤال "هل يعسر على الرب شيء ؟ " تكوين 18: 14؛ إرميا 32: 27، يعني الإجابة الواضحة "ليس شيء يعسر عليك" إرميا 32: 17ب. ويؤكد أيوب قدرة الله على فعل كل شيء بهذه الكلمات، "أعلم أنك تستطيع كل شيء ولا يعسر عليك أمر" أيوب 42: 2.

ومع ذلك، هناك بعض الأشياء التي يجب علينا أن نفهمها عندما ندرس قوة الله.

أولاً، بالرغم من أن الله قادر على كل شيء، إلا أنه لن يفعل أي شيء يتعارض مع شخصيته المقدسة. هناك بعض القيود التي فرضها الله على نفسه. على سبيل المثال، لا يستطيع الله أن يكذب تيطس 1: 2، ولا يمكن إغراء الله بالخطيئة يعقوب 1: 13، ولا يمكنه أن ينكر نفسه 2 تيموثاوس 2: 13. لن يتصرف الله أيضًا على عكس كلمته. على سبيل المثال، لم يختر الله أن يخلص كل الناس. فقط أولئك الذين يتوبون عن خطاياهم ويتجهون إلى ابنه يسوع بالإيمان سوف يخلصون. سيُدان آخرون بالجحيم - بغض النظر عن مقدار توسلهم في يوم الدينونة!

ثانيًا، في مواقف معينة، قد يختار الله ألا يُظهر قوته. وهذه ليست مواقف تستدعي أن يتنازل الله عن شخصيته المقدسة إذا أظهر قوته. بل إن الله في هذه المواقف يختار ألا يُظهر قوته لأسباب خاصة به. على سبيل المثال، لم ينقذ الله ابنه من الصليب رومية 8: 32. ولم ينقذ العديد من أبنائه من موت قاسٍ على سبيل المثال، هابيل في تكوين 4: 8 واستفانوس في أعمال الرسل 7: 59-60. هل كان بإمكانه أن يُظهر قوته المنقذة في هذه المواقف؟ بالتأكيد! ومع ذلك، لم يفعل ذلك لأنه كان من خطته أن يمر هؤلاء الأفراد بما مروا به.

وبنفس الطريقة، في بعض الأحيان، سوف نضطر أنا وأنت أيضًا إلى المرور بأحداث مؤلمة معينة ـ ليس لأن الله يفتقر إلى القوة لإنقاذنا، ولكن لأن هذا ليس جزءًا من خطته الشاملة. هذا ما نعنيه عندما نقول إن الله هو السيّد. إنه يمارس حكمه على خليقته كسيد أو ملك. لذلك، يجب أن نكون حذرين من عدم اقتباس آيات خاطئة ، مثل "لدى الله كل شيء مستطاع" متى 19: 26 وكأن الله سيعطينا دائمًا نتيجة "مواتية". يجب أن نتذكر أن الله قادر

وغالبًا ما يُظهر قوته لإنقاذنا من التجارب. ومع ذلك، هناك أيضًا مناسبات معينة، بما يتفق مع مقاصده، حيث لا يزيل المحنة ولكنه سيحافظ علينا آمنين خلالها. هذا الأخير يأخذ القوة أيضًا!

تجليات قدرة الله

هناك على الأقل ثمانية مجالات نرى فيها قدرة الله تتجلى لنا كما هو مذكور في الكتاب المقدس. بعضها يتعلق بالماضي، وبعضها يتعلق بالحاضر، وبعضها يتعلق بالمستقبل.

1. في خلق الكون. يبدأ الكتاب المقدس بهذه العبارة: "في البدء خلق الله السموات والأرض" تكوين 1: 1. على الفور، نتعرف على قوة الله. من يستطيع أن يخلق هذا الكون بأكمله من العدم بمجرد كلمة منطوقة؟ الله وحده هو القادر على ذلك! يقدم لنا الفصلان الأولان من سفر التكوين تفاصيل عن أحداث الخلق التي تتحدث عن قوة الله. لاحظ الاستخدام المتكرر للعبارة "وقال الله" على سبيل المثال، تكوين 1: 3، 6، 9، وكيف ظهرت العناصر المناسبة للخلق على الفور، كما يتضح من العبارة "وكان كذلك" تكوين 1: 7، 9، 11. هذه قوة لا تصدق!

حتى بدون الوحي الخاص من الله من خلال الكتاب المقدس، قيل لنا أنه وفقًا ل رومية 1: 20، فإن الخليقة ذاتها تشهد على قدرة الله. بعبارة أخرى، الخليقة تشهد على الخالق. ولهذا السبب لا يمكن لأحد أن يقدم عذرًا لإنكار وجود الله.

2. في دعم الكون. لم يخلق الله الكون فحسب، بل إنه هو الذي يدعمه أيضًا. وهذا يتم أيضًا من خلال كلمته القوية. تقول رسالة العبرانيين 1: 3، "الابن هو بهاء مجد الله ورسم جوهره، حامل كل الأشياء بكلمة قدرته". يسوع، بقوته، يدعم الكون بأكمله. في الأناجيل، نرى غالبًا قوة يسوع على الطبيعة. حتى الآن، تتحكم قوة الله في المياه من تغطية الأرض. حتى أن قوته تضع حدودًا للكوارث، مثل الزلازل. إن قوة الله هي التي تدعم البشر أيضًا. قوة الله تدعم طفلًا صغيرًا في رحم أمه طوال المدة. ليس هذا فحسب، بل حتى كبالغين، فإن قوة الله هي التي تدعمنا.

3. في كبح الشر. في حين أن الله، بقدرته، سوف ينفي في النهاية كل الشر من الكون، حتى الآن، فإن قوته تتحكم في الشر من أن يسلك مساره بالكامل.

غالبًا ما نصاب بالصدمة من الأحداث التي تصف الأفعال المروعة التي يرتكبها الأشرار. وحقيقة أن مثل هذه الأفعال لا ترتكب دائمًا تثبت أن الله يكبح الشر. يمكن للفساد البشري بمساعدة القوة الشيطانية أن يفعل الكثير من الشر دائمًا تكوين 6: 5؛ رومية 3: 14-18. ولكن، لحسن الحظ، وضع الله، بقدرته، القيود. حتى عندما هاجم الشيطان أيوب، كان لا يزال مقيدًا بقوة الله بعدم إلحاق المزيد من الضرر أكثر مما سُمح له به أيوب 1: 12، 2: 6.

4. في تحرير شعبه. إن الأحداث مثل الخروج هي عرض واضح لقدرة الله العظيمة. فقد قيل لنا في سفر الخروج 15: 6 "يمينك يا رب عظيمة القدرة. يمينك يا رب حطمت العدو". كانت اليد اليمنى رمزًا لقوة الله العظيمة. والانتصارات اللاحقة في كنعان تحت قيادة يشوع وتحت قيادة داود لاحقًا هي أمثلة واضحة لقدرة الله في إنقاذ شعبه.

5. في التغلب على المرض والموت. في مناسبات عديدة أثناء خدمته الأرضية، أظهر الرب يسوع هذه القدرة على شفاء العديد من الأمراض بكلمة أو لمسة لطيفة. كل هذا كان ليُظهِر أنه المسيح، وبصفته المسيح، عندما يقيم مملكة الله بكل مجدها في المستقبل، لن تكون هناك حاجة لشفاء أي شخص لأنه لن تكون هناك أمراض في البداية.

ولكن أعظم قوة أظهرها الله كانت عندما أقام يسوع من بين الأموات. وبهذه القيامة، أظهر يسوع قدرته على قهر المرض والموت. كيف؟ لقد جاء المرض والموت إلى هذا العالم بسبب الخطيئة رومية 5: 12، 6: 23. وبما أن ثمن الخطايا قد تم دفعه بالكامل، والقيامة هي الدليل على ذلك رومية 4: 24-25، ففي يوم من الأيام، سيتم القضاء على المرض والموت أيضًا تمامًا رؤيا 21: 1-4.

6. في تغيير الحياة: إن قوة الله تغير حياة البشر كما يتضح خلال المراحل الثلاث لخلاصنا: التبرير (في الماضي)، والتقديس (في الحاضر)، وأخيرًا التمجيد (في المستقبل).

في التبرير. إذا كنا أبناء الله، فكيف تحولنا من كوننا نكره الله إلى كوننا نحبه؟ من خلال الإنجيل! ويصف بولس الإنجيل على هذا النحو: "لأني لست مستحي من الإنجيل لأنه قوة الله للخلاص لكل من يؤمن" رومية 1: 16. الإنجيل هو قوة الله. من خلال هذا الإنجيل القوي، يجعل الله الناس على حق

أمامه ـ وهو العمل المعروف بالتبرير. ومن خلال هذا الإنجيل ننال حياة جديدة.

في التقديس. عندما يصبح المرء ابنًا لله، فإنه يمتلك أيضًا قوة القيامة من خلال حضور الروح القدس العظيم الساكن في داخله. هذه القوة المعطاة لنا من خلال الروح القدس لا تمكننا فقط من أن نكون شهودًا، "ستنالون قوة عندما يحل الروح القدس عليكم، وتكونون لي شهودًا في أورشليم وفي كل اليهودية والسامرة وإلى أقاصي الأرض" أعمال الرسل 1: 8، بل تمكننا أيضًا من أن نعيش حياة مقدسة، لأن "قدرته الإلهية قد أعطتنا كل ما نحتاج إليه لحياة تقية بمعرفة الذي دعانا بمجده وصلاحه" 2 بطرس 1: 3.

كان أحد المسيحيين يناقش أموراً دينية مع أحد البوذيين، فسأله عن رأيه في المسيحية. فأجابه البوذي: "أجد الكثير من التشابه بين تعاليمنا. ولكن هناك شيء واحد أجد أن إيمانك يتمتع به ولا يتمتع به إيماني، وهو أن إيماني يخبرني بما ينبغي لي أن أفعله. ولكنه لا يمنحني القوة للقيام بذلك. أما إيمانك فهو الذي يمنحني القوة".

في التمجيد. يشير هذا إلى المستقبل عندما نتلقى أجسادًا جديدة تشبه جسد يسوع. وسيكون هذا الجسد الجديد خاليًا من الخطيئة والمعاناة والموت. كل هذا سيحدث عندما يعود يسوع. تقول فيلبي 3: 20-21، "أما مواطنتنا فهي في السماء. ونحن ننتظر بفارغ الصبر مخلصًا من هناك، الرب يسوع المسيح، الذي سيغير أجسادنا المتواضعة بقوة تمكنه من إخضاع كل شيء لسيطرته حتى تكون على مثال جسده المجيد".

وفي حال شككنا في أن خلاصنا مضمون حتى يحدث هذا التمجيد، فيمكننا أن نتعزى. يذكرنا بطرس أن قوة الله ستحافظ على المؤمنين الحقيقيين آمنين حتى يتم تمجيدهم. نقرأ في 1 بطرس 1: 5 أننا "محميون بقوة الله إلى أن يأتي الخلاص المستعد أن يظهر في الزمان الأخير".

7. في دينونة الأشرار. يكشف سفر التكوين 6-8 عن قوة الله في الماضي عندما حكم على العالم الشرير في زمن نوح من خلال الطوفان الشامل. يصف سفر الرؤيا 19-20 كيف أن الله، بقوته، سيدين ذات يوم الشيطان وشياطينه وكل غير المؤمنين الذين تمردوا عليه مرة واحدة وإلى الأبد. ستؤدي هذه الدينونة إلى إلقائهم في بحيرة النار ـ الجحيم، مكان الدمار

الواعي والأبدي. لن يتمكن أحد من مقاومة قوته في ذلك الوقت ـ تمامًا كما لم يتمكن أحد من مقاومة قوته أثناء الطوفان في الماضي.

وأيضاً، فإن قوة الله سوف تظهر في أنه حتى وإن كانوا سيعانون العذاب الأبدي في بحيرة النار، فإن أجسادهم لن تهلك. لماذا؟ لأن الله سوف يعطيهم أجساداً مناسبة للجحيم تماماً كما سيعطي المؤمنين أجساداً مناسبة للسماء. رؤيا 20: 12 تشير إلى كل الموتى غير المؤمنين الذين يقفون أمام العرش الأبيض العظيم في يوم الدينونة. وتحدث يسوع نفسه في يوحنا 5: 29 عن أولئك الذين يفعلون الشر ويقامون للدينونة. لذا فإن غير المؤمنين سوف يحصلون أيضاً على أجساد جديدة مناسبة للجحيم.)

8. في خلق عالم جديد. يصف سفر الرؤيا 21 و22 قدرة الله في تدمير هذا الكون الحالي بالنار وخلق سماء جديدة وأرض جديدة. وفي هذا المكان سنقيم نحن (أي جميع المؤمنين) في حضرة هذا الإله العظيم إلى الأبد.

وهكذا، فقد كشف الله لنا عن قوته في ثمانية مجالات على الأقل. وقبل أن أصف كيف ينبغي أن تؤثر معرفة قوة الله على حياتنا اليومية، دعوني أقول هذا: إن فهمنا لقوة الله ما زال محدودًا للغاية. لقد أدرك رجل الله العظيم أيوب هذا القيد. ولهذا السبب، بعد وصف قوة الله المذهلة في الآيات 6-13، اعترف في أيوب 26: 14، "وهذه هي الحافة الخارجية لأعماله. ما أضعف همسنا الذي نسمعه منه! فمن يستطيع أن يفهم رعد قوته؟" يقول أيوب إن هذه مجرد همسات من قوته. وهكذا تكون معرفتنا بقدرة الله محدودة للغاية!

ولكن لا ينبغي أن يثنينا الافتقار إلى المعرفة الكاملة بقدرة الله (وغيرها من صفاته). بل ينبغي لنا أن نستمر في الرغبة في النمو في هذه المعرفة بقدر ما يساعدنا الله. وينبغي أن تؤدي هذه المعرفة إلى التطبيق العملي ـ على الأقل في ثلاثة جوانب محددة تتعلق بامتلاك هذه المعرفة بقدرة الله.

1. يجب أن نخافه

نقرأ في المزمور 33: 6-7، "بكلمة الرب صُنعت السموات وبنسمة فيه كل جندها. يجمع مياه البحر في جرار ويحول اللجج إلى مخازن". تصف الآيتان التاليتان ما يجب أن تكون استجابتنا في ضوء كون الله هو الخالق القادر على كل شيء: "لتخش الرب كل الأرض. وليخشه كل شعوب الأرض. لأنه تكلم فكان. أمر فكان" مزمور 33: 8-9. يجب أن يكون الخوف والرهبة هما

23

الاستجابة المناسبة. يجب أن نخاف الله ونحترمه وليس شخصًا يجب الاستخفاف به! يجب طاعة جميع وصاياه ,كل واحدة منها دون تذمر أو تساؤل.

إن السبب الذي يجعل العديد من غير المؤمنين ينكرون وجود الله هو هذا: فبإنكارهم، لا يشعرون بالحاجة إلى تحمل المسؤولية أمام أي شخص - وخاصة من خلقهم. وإذا لم تكن هناك مسؤولية، فلن يكون هناك خوف من الدينونة. والنتيجة: يشعرون أنهم يستطيعون العيش بالطريقة التي يريدونها! عندما ينكر المرء الله كخالق، فإن جميع الجوانب الأخرى، مثل الله كقاضي وفادي، لن يكون لها أي معنى. ولهذا السبب من الضروري أن نبدأ عرض إنجيلنا بالله كخالق تكوين 1: 1، وليس الله كقاضي أو محب أو فادي. إذا لم تكن هناك مسؤولية أمام من خلقنا، فلن يكون هناك أساس متين لبناء البشارة السارة عليه.

2. يجب علينا أن نحمده

إذا كان الله في صفنا (وهذا صحيح إذا كنا أبناءه)، فيجب علينا أن نحمده باستمرار على قوته. لقد أنقذتنا يده القوية من الموت الأبدي إلى الحياة الأبدية. لقد حمانا من غضبه العظيم القادم. وسوف يقودنا إلى ديارنا بأمان. وهذه الحقيقة تتطلب التسبيح والعبادة المستمرين. فلا عجب أن غنى موسى هذه الأغنية، وهي أول أغنية مسجلة في الكتاب المقدس:

> خروج 15: 11-13 من مثلك بين الآلهة يا رب ؟ من مثلك مهيب في القداسة، مهيب في المجد، صانع العجائب؟ "تمد يدك اليمنى فتبتلع الأرض أعداءك. برحمتك تقود الشعب الذي فديته. بقوتك تهديه إلى مسكنك المقدس".

3. يجب أن نثق به

في لوقا 1: 37، نقرأ عن إعلان جبرائيل لمريم أنها، وهي عذراء، ستلد المسيح، "لأنه لا تسقط كلمة من الله أبدًا". تترجم بعض الترجمات هذه الآية على النحو التالي، "مع الله، لن يكون شيء مستحيلاً". الفكرة هي أنه لن تفشل أبدًا كلمة أو وعد من الله في أن يتحقق لأنه لا شيء أو لا أحد يستطيع

أن يمنع الله القدير من تحقيق جميع مقاصده. آمنت مريم بهذه الحقائق عن الله. لهذا السبب أجابت، "أنا أمة الرب ... ليكن كلامك لي " لوقا 1: 38. لقد وثقت ضمناً في قدرة الله على الوفاء بكلماته الموعودة - بغض النظر عن العواقب الأرضية التي قد تواجهها. والله أوفى بكلمته حتى مع مواجهة مريم للتحديات، بدءًا من رغبة يوسف في البداية في فسخ الخطوبة!

مثل مريم، وبموقف متواضع من الثقة، يجب علينا أيضًا أن نؤمن أن قوة الله ستحفظنا خلال تحديات الحياة. ويجب أن تترجم هذه الثقة إلى طاعة أوامره، مهما كان الموقف. يجب أن نتذكر أن هذا الإله القادر على كل شيء هو أيضًا إله محب لن يترك أو يتخلى عن أولاده أبدًا عبرانيين 13: 5.

بالعودة إلى المزمور 62، دعونا هذه المرة ننظر إلى الآيتين 11 و12: "كلمة واحدة تكلم بها الله وشيئان سمعتهما: لك القدرة يا الله وعندك يا رب الرحمة". لاحظ أن الحب مصحوب بالقوة . أين نكون إذا تُركنا فقط بقوة الله وبدون محبة للخطاة مثلنا؟ أو أين نكون إذا تُركنا فقط بمحبة الله بدون القدرة على إنجاز أعمال المحبة؟ لحسن الحظ، فإن كلتا الصفتين حاضرتان بكاملهما مع الله. لهذا السبب يجب أن نثق به بلا تردد . لقد وعد أن يكون معنا ويأخذنا إلى ديارنا بأمان. بغض النظر عما يحدث، يمكننا أن نسلم أرواحنا إلى من خلقنا ويحملنا بأمان بين يديه. دعونا ننضم إلى داود الذي قال، "على الله توكلت ولا أخاف. ماذا يفعل بي الإنسان؟" مزمور 56: 11.

فلنثق به حين يقول لنا إننا قد أُعطينا القوة للتغلب على كل خطيئة، وإغراء، وخوف، وإدمان، ولنحيا حياة تقية رومية 6: 18؛ 2 بطرس 1: 3. ولنجعل هذه الثقة تتحول إلى تسبيح وصلاة، فنطلب باستمرار من إلهنا العظيم أن يعمل هذه القوة في حياتنا من خلال الروح القدس حتى نتمكن من عيش حياة مقدسة.

إذا لم تكن مسيحيًا، فتخيل أن هذا الإله يطلق قوته ضدك. يا له من تصرف غير حكيم أن تظن أنك تستطيع معارضة هذا الإله والانتصار عليه! يرجى الحذر. هناك دينونة قادمة. كيف يمكنك الهروب من هذا الإله القدير؟ تمامًا كما لم ينجُ من الطوفان أي شخص سخر من الله في زمن نوح، فلن ينجو أي شخص سخر من الله الآن من دينونته القادمة بالنار.

لقد حذرنا الرب يسوع في لوقا 12: 4-5 قائلاً: "أقول لكم يا أصدقائي: لا تخافوا من الذين يقتلون الجسد وبعد ذلك لا يقدرون أن يفعلوا أكثر. بل

سأريكم من يجب أن تخافوا: خافوا من الذي بعد أن يقتل جسدكم له سلطان أن يلقيكم في جهنم. نعم أقول لكم: خافوا منه". لا يمكنك الهروب من دينونة الله إلا بالثقة في الرب يسوع. فهو وحده القادر على إنقاذك من الغضب القادم 1 تسالونيكي 1: 10. ضع في اعتبارك التحذير الشديد في المزمور 2: 12 "قَبِّل ابنه، لئلا يغضب عليك، فيؤدي بك إلى الهلاك، لأنه في لحظة قد يشتعل غضبه. طوبى لكل من يلجأ إليه".

أسئلة للمناقشة

- كيف أثر هذا الفصل على وجهة نظرك لحضور الله؟
- ما هي التغييرات التي يمكنك إجراؤها في حياتك في ضوء هذه الصفة من صفات الله؟
- كيف تؤثر هذه الصفة من صفات الله على صلواتك؟
- كيف تؤثر هذه الصفة من صفات الله على تبشيرك؟

آية كتابية للتأمل والحفظ

1 أخبار الأيام 29: 11 – *لك يا رب العظمة والقوة والمجد والجلال والبهاء، لأن لك كل ما في السماء وعلى الأرض. لك يا رب الملك، أنت مرتفع كرأس على الجميع.*

الصلاة

يا أبتي، أنت الإله القادر على كل شيء، أنت الذي تحكم كل شيء، بما في ذلك أنا. ساعدني على الإيمان بقوتك المنقذة والراحة فيها حتى عندما يبدو أنه لا يوجد سبيل لذلك. احميني من خوف الناس. من فضلك ساعدني على أن أخافك أكثر وأجد الراحة في حقيقة أنك قادر على توفير كل ما أحتاج إليه. آمين!

الصفة الثالثة: حضور الله

إن حضور الله يشير إلى قدرته على أن يكون حاضراً دائماً في كل مكان بكامل كيانه.

يصف علماء اللاهوت هذه الصفة من صفات الله بأنها "حضور الله في كل مكان". إنها إحدى تلك الصفات التي تذكرنا بأنه لا يوجد مكان في هذا الكون لا يكون الله حاضرًا فيه. أينما ذهبنا، فهو موجود. لا يمكننا الاختباء منه. ولا يمكننا أيضًا الهرب منه.

في حديثنا عن الهروب من الله، هل تعلم أن أغلب مناطق الولايات المتحدة تطبق سياسة فحص أي مركبة متوقفة على الطريق السريع عندما تنخفض درجات الحرارة إلى أقل من 10 درجات مئوية؟ فيما يلي قصة محددة عن الوقت الذي تم فيه تطبيق هذه السياسة.

قبل سنوات، وفي نحو الساعة الثالثة صباحًا في أحد الأيام الباردة، استجاب ضابط شرطة ولاية مونتانا آلان نيكسون لنداء بشأن سيارة انحرفت عن جانب الطريق خارج مدينة جريت فولز بولاية مونتانا. وحدد مكان السيارة، التي كانت عالقة في الثلوج العميقة ولكن محركها ما زال يعمل.

توجه الشرطي إلى باب السائق ليجد رجلاً مسنًا فاقدًا للوعي خلف عجلة القيادة وبجانبه زجاجة فودكا شبه فارغة. استيقظ السائق عندما طرق الشرطي على النافذة. وعندما رأى الأضواء الدوارة في مرآة الرؤية الخلفية ورجل الشرطة يقف بجوار سيارته، أصيب الرجل بالذعر. فحرك ناقل الحركة إلى وضع "القيادة" وضغط على دواسة الوقود.

أظهر عداد السرعة في السيارة 20، 30، 40، ثم 50 ميلاً في الساعة، لكنها كانت لا تزال عالقة في الثلج، وعجلاتها تدور. بدأ الشرطي، الذي كان يتمتع بروح الدعابة، في الركض بجوار

27

السيارة المسرعة (ولكنها ثابتة). فقد السائق عقله، معتقدًا أن الشرطي يلاحقه. استمر هذا لمدة 30 ثانية أخرى قبل أن يصرخ الشرطي، "توقف!" أومأ الرجل برأسه، وأدار عجلة القيادة، وأوقف المحرك.

لا داعي للقول إن الرجل من داكوتا الشمالية تم القبض عليه وربما هز رأسه في السجن وهو يفكر في كيف يمكن لشرطي الولاية أن يتفوق عليه في السرعة بينما كان يقود سيارته بسرعة 50 ميلاً في الساعة.[1]

تذكرنا هذه القصة بكلمات داود في المزمور 139: 7-12 "أين أذهب من روحك؟ أين أهرب من وجهك؟ إذا صعدت إلى السماء فأنت هناك. إذا فرشت في الأعماق فأنت هناك. إذا قمت على أجنحة الفجر، إذا استقريت في أقاصي البحر فهناك أيضًا تهديني يدك وتمسكني يمينك. إذا قلت: "إن الظلمة تخفيني والنور يصير ليلاً حولي"، فلن يكون الظلام مظلمًا بالنسبة لك. سيضيء الليل مثل النهار، لأن الظلمة كالنور بالنسبة لك". أكد داود أنه لا يوجد مكان في الكون بأكمله حيث يمكن للمرء أن يهرب من حضور الله.

ويؤكد العهد الجديد نفس الحقيقة أيضًا. ففي خطابه في أثينا إلى الفلاسفة الملحدين، بينما كان يحثهم على البحث عن الله، قال بولس: "الله ليس بعيدًا عن كل واحد منا. لأنه فيه نحيا ونتحرك ونوجد" أعمال 17: 27-28أ

لذا، فمن الواضح من الكتاب المقدس أن الله حاضر دائمًا في كل مكان. الإله المتسامي (أي أنه مرتفع فوق الخليقة) هو أيضًا متأصل (أي أنه حاضر بين خلقه). إشعياء 57: 15 يجمع بين هاتين الفكرتين (التعالي والحلول): "لأن هذا ما يقوله العلي والمرتفع - الذي يعيش إلى الأبد، الذي اسمه قدوس: "أسكن في مكان مرتفع ومقدس [أي، التعالي]، ولكن أيضًا مع المنسحق والمتواضع بالروح، لإحياء روح المتواضع وإحياء قلب المنسحق [أي، الحلول]". على الرغم من أنه الله الجالس في السماوات، إلا أنه حاضر أيضًا بين خلقه. والأهم من ذلك، أنه حاضر أيضًا داخل أبنائه في شخص الروح القدس. حقيقة مذهلة!

---

[1] https://christianforumsite.com/threads/montana-state-trooper.22329/

قبل أن ننظر إلى كيفية تأثير حضور الله في كل مكان علينا جميعًا من الناحية العملية، قد يكون من الجيد أن نتناول بشكل مختصر ثلاث أفكار خاطئة حول حضور الله في كل مكان.

1. إن الحضور في كل مكان لا يعني أن الله حاضر جزئيًا في أماكن مختلفة في نفس الوقت. فالله روح ولا يمكن تقسيمه إلى أجزاء حيث يكون أحد الأجزاء في مكان واحد، والأجزاء الأخرى في أماكن أخرى. إن الله حاضر في كل مكان في كيانه بالكامل. إنه غير قابل للتجزئة. إن الله لا يحصره مكان، مهما كان المكان واسعًا. قال سليمان بحكمة في سفر الملوك الأول 8: 27ب: "السموات، حتى السماء العليا لا تسعك".

في كتاب اللاهوت النظامي ، كتب واين جرودم ما يلي:

إننا لابد وأن نحذر من التفكير في أن الله يمتد إلى ما لا نهاية في كل الاتجاهات، بحيث يكون هو نفسه موجوداً في نوع من الفضاء اللانهائي الذي لا نهاية له. ولا ينبغي لنا أن نفكر في أن الله هو بطريقة ما "فضاء أكبر" أو منطقة أكبر تحيط بفضاء الكون كما نعرفه. فكل هذه الأفكار تستمر في التفكير في وجود الله من حيث المكان، وكأنه مجرد كائن ضخم للغاية. وبدلاً من ذلك، يتعين علينا أن نحاول تجنب التفكير في الله من حيث الحجم أو الأبعاد المكانية. فالله كائن موجود بلا حجم أو أبعاد في الفضاء. والواقع أنه قبل أن يخلق الله الكون، لم تكن هناك مادة أو مادة، وبالتالي لم يكن هناك مكان أيضاً. ومع ذلك، كان الله موجوداً. أين كان الله؟ لم يكن في مكان يمكننا أن نسميه "أين"، لأنه لم يكن هناك "أين" أو مكان. ولكن الله كان موجوداً! وهذه الحقيقة تجعلنا ندرك أن الله يتعامل مع الفضاء بطريقة مختلفة تماماً عن الطريقة التي نتعامل بها نحن أو مع أي شيء مخلوق. فهو موجود كنوع من الكائنات التي تختلف كثيراً وأعظم كثيراً مما يمكننا أن نتخيل. [2]

2. لا تعني كلمة "الوجود في كل مكان" أن الله هو كل شيء وأن كل شيء هو الله. فبينما الله موجود في كل مكان، فإن هذا لا يعني بالضرورة أن كل

---

[2]الطبعة الثانية (ص 207-208). زوندرفان أكاديميك. طبعة كيندل.

شيء صغير يحمل حضور الله فيه. هذه هي الفكرة وراء وحدة الوجود. يعتقد المؤمن بوحدة الوجود أن كل شيء هو الله أو أنه موجود في كل شيء موجود. ومع ذلك، يقول الكتاب المقدس أن الله موجود في كل مكان في خلقه، ولكنه أيضًا متميز عن خلقه.

3. لا تعني كلمة "الحضور في كل مكان" أن الله حاضر في كل مكان بنفس المعنى. على سبيل المثال، قيل لنا في سفر الأمثال 15: 29، "الرب بعيد عن الأشرار، لكنه يسمع صلاة الصديقين". العبارة "الرب بعيد عن الأشرار" "يعني أنه ليس حاضرًا ليباركهم . لقد فصلت خطاياهم الله عنهم إشعياء 59: 2. ومع ذلك، فإن عبارة "يسمع صلاة الصديق" تعني أنه قريب منهم ليباركهم.

مثال آخر هو حضور الله في الجحيم، والذي يختلف عن حضوره في السماء. ففي الجحيم، يكون الله حاضرًا لمعاقبة إن الله موجود في السماء ليبارك المؤمنين 2 تسالونيكي 1: 9. أما في السماء فهو موجود ليبارك المؤمنين رؤيا 21: 1-3. لذا، فبينما من الخطأ أن نقول إن الله حاضر في منطقة أكثر من منطقة أخرى، فلن يكون من الخطأ أن نقول إنه موجود في السماء بطريقة فريدة . أي ليبارك ويُظهر مجده وليس في الجحيم على سبيل المثال. بعبارة أخرى، يتجلى حضور الله بشكل أكثر اكتمالاً في السماء منه في أي مكان آخر.

وبعد أن أوضحنا هذه الأفكار الخاطئة الثلاثة الشائعة حول حضور الله في كل مكان، دعونا ننتقل إلى رؤية كيف أن هذه الصفة من صفات الله مفيدة عملياً بأربع طرق على الأقل.

1. إنه يجلب فرحة عظيمة

في المزمور 16: 11، لقد كان رد فعل داود على حضور الله هو الفرح العظيم: "أنت تعرفني طريق الحياة، وتملأني فرحًا أمامك، ونعيمًا أبديًا في يمينك". وبينما لن نختبر الفرح بالمعنى الكامل إلا في المستقبل عندما نكون في السماء، يمكننا أن نختبر الفرح حتى في حياتنا الحالية عندما نعيش على أمل تلك التجربة القادمة من الفرح الكامل. عندما تمتلئ عقولنا بالحقيقة أننا لسنا وحدنا أبدًا، وأن إلهنا، ملك الكون، معنا دائمًا الآن وإلى الأبد طوال الأبد، سنختبر فرحًا عظيمًا، حتى أثناء المحن العظيمة. إن نسيان هذه الحقيقة

الأساسية يؤدي إلى حياة تفتقر إلى الفرح وتستسلم لليأس والقلق. لذا، فلنجعل من عادتنا تذكير أنفسنا بأن أبانا السماوي معنا إلى الأبد، نحن أبناؤه.

2. إنه يجلب راحة كبيرة

لا يوجد شيء مهدئ مثل للنفس المضطربة هذا التذكير: الله معنا دائمًا. هذه الحقيقة تساعدنا على طاعة الله حتى عندما تكون الأمور صعبة، كما ساعدت المؤمنين في الماضي. فيما يلي بعض الآيات التي تبرز هذه الحقيقة.

المزمور 23:4 - حتى ولو مشيت في الوادي المظلم، لا أخاف شرًا، لأنك أنت معي. عصاك وذراعك هما يعزيانني.

متى 28: 20 - وها أنا معكم كل الأيام إلى انقضاء الدهر.

أعمال الرسل 18: 9-10 – في إحدى الليالي، تكلم الرب مع بولس في رؤيا: "لا تخف، تكلم، لا تسكت. لأني معك، ولن يهاجمك أحد ويؤذيك، لأن لي شعبًا كثيرًا في هذه المدينة".

عبرانيين 13: 5 - لن أتركك أبدًا، ولن أتخلى عنك أبدًا.

"أنا معك حتى عندما تمشي في الوادي الأكثر ظلامًا - لذلك، لا تخف" هو تذكير دائم يعطيه الله لأولاده من سفر التكوين إلى سفر الرؤيا! يمكننا أن نتذكر المناسبات التي واجهنا فيها تجارب شديدة وبدا كل شيء قاتمًا، ومع ذلك فقد اختبرنا سلامًا عظيمًا في قلوبنا. ما هو السبب؟ لقد تمكنا بالإيمان من التشبث بوعد الله "أنا معك دائمًا. لن أتركك ولا أهجرك أبدًا!" للأسف، يمكننا أيضًا أن نتذكر تلك المناسبات عندما واجهنا تجارب شديدة، كنا في حالة من الاضطراب. لا نوم. خوف مستمر. ما هو السبب؟ لقد فشلنا في الإيمان بوعد الله بعدم تركنا أو هجرنا أبدًا. لم يكن خطأ الله. كان خطأنا!

لا ينبغي لنا أن ننسى أبدًا: أينما تقودنا إرادة الله، فإن حضوره سيرافقنا. من الأفضل أن نشعر بحضوره في وسط الغابة من أن نشعر بغيابه في وسط القصر! لذا، إذا أردنا أن نشعر بالراحة أثناء أوقات المحنة، فيجب أن نتذكر أننا لسنا وحيدين أبدًا - حتى ولو لثانية واحدة!

3. يساعدنا على الصلاة بثقة

إن إدراكنا أن حضور الله معنا دائمًا يعطينا سببًا قويًا للاقتراب منه بالصلاة. فهو يسمعنا لأنه دائمًا قريب منا. يقول المزمور 145: 18، "الرب قريب من كل الذين يدعونه، من كل الذين يدعونه بالحق". يجب أن تحفزنا هذه الحقيقة على القول، "على الرغم من أنني لا أستطيع رؤيته، إلا أنني أعلم أنه قريب مني ويستمع إلى صراخي. لذلك، سأستمر في الصلاة!"

4. يساعدنا على مقاومة إغراء الخطيئة

إن معرفة أن الله حاضر دائمًا هي دافع قوي لمقاومة الإغراء. فهي تجعلنا ندرك أن كل ما نفعله، وكل ما نفكر فيه، بما في ذلك كل دوافعنا، يتم في حضور الله! يقول سفر الأمثال 15: 3، "عينا الرب في كل مكان، تراقبان الأشرار والصالحين". ويقول سفر الأمثال 16: 2، "كل طرق الإنسان تبدو له نقية، لكن الدوافع تزنها الرب " .

إننا نميل عادة إلى ارتكاب الخطايا عندما لا يراقبنا أحد: فالوالدان لا يراقباننا، والمعلم لا يراقبنا، وزوجنا لا يراقبنا، وأصدقاؤنا لا يراقبوننا، ورئيسنا لا يراقبنا، وهكذا. ونشعر بالحرج إذا أمسك بنا أحد ونحن نرتكب خطأً ما. ولكن إذا فهمنا أنا وأنت وتذكرنا باستمرار أن كل خطيئة نرتكبها، وكل فكرة نفكر فيها، تتم بشكل صحيح في حضور إله قدوس، فسوف نصبح أكثر ميلاً إلى مقاومة الخطيئة! إن أحد أسرار حياة أيوب المقدسة نجدها في أيوب 31: 4، الذي يقول: "أَلَمْ يَرَ طُرُقِي وَيَحْصِي كُلَّ خُطْوَاتِي؟" لقد كان دائمًا مدركًا لحضور الله. وكان هذا هو سبب نزاهته. ومثل أيوب، سنكون مجهزين بشكل أفضل لمقاومة الخطيئة عندما ندرك أن الله حاضر دائمًا في كل ما نفكر فيه أو نفعله.

لذا، هناك أربع فوائد عندما نعلم أن الله حاضر معنا دائمًا: فهو يجلب الفرح والراحة ويساعدنا على الصلاة بثقة ويساعدنا على مقاومة إغراء الخطيئة. فلنجد السلام بالثقة في هذا الإله الحاضر معنا والذي وعد بمساعدتنا في كل الأوقات. فلنتأمل باستمرار آيات مثل إشعياء 41: 10، "لذا لا تخف لأني معك. لا ترتعب لأني إلهك. أقويك وأعينك وأعضدك بيمين بري".

إذا لم تكن مسيحيًا، فقد تتساءل كيف تفيدك هذه المعرفة. الأمر بسيط. إنها تحذير. الله، في رحمته، يحذرك من أن تبتعد عن طرقك الخاطئة وتستسلم له. لا يمكنك الهروب من هذا الإله الذي سيأتي كقاضي. ستحصد عواقب مؤلمة إلى الأبد إذا لم تبتعد عن طرقك الأنانية. لذا، من فضلك ابتعد عن خطاياك واتجه إلى المسيح. هو وحده دفع ثمن الخطايا وقام من بين الأموات. ادعه ليخلصك. بالإيمان، استسلم له كرب ومخلص لك. حينها فقط يمكنك أن تنال كل الفوائد الأخرى المخصصة للمؤمن الذي تحدثنا عنه سابقًا.

أسئلة للمناقشة

- كيف أثر هذا الإصحاح على وجهة نظرك حول قداسة الله؟

- ما هي التغييرات التي يمكنك إجراؤها في حياتك في ضوء هذه الصفة من صفات الله؟

- كيف تؤثر هذه الصفة من صفات الله على صلواتك؟

- كيف تؤثر هذه الصفة من صفات الله على تبشيرك؟

آية كتابية للتأمل والحفظ

إشعياء 41: 10 –فلا تخف لأني معك، ولا ترتعب لأني إلهك. أؤيدك وأعينك، وأعضدك بيمين بري.

الصلاة

يا يهوه الإله، أنت الخالق، والحافظ، ومالك كل الأشياء، لا أستطيع الهروب من حضورك أو سيطرتك، ولا أرغب في ذلك... ليحفظني من شهوة العالم، ويحمل قلبي وعقلي في فقدان وسائل الراحة، ويحييني في وادي الموت، ويعمل في صورة السماوي، ويمنحني التمتع بأول ثمار الروحانية، مثل ما يعرفه الملائكة والقديسين الراحلين. آمين!

الصفة الرابعة: معرفة الله

إن معرفة الله تشير إلى قدرته على معرفة كل الأشياء، الفعلية والممكنة، الماضية والحاضرة والمستقبلية في فعل أبدي واحد.

إن معرفة الله، أو ما يعرف أيضًا بعلم الله بكل شيء، تتعلق بصفات الله العليم بكل شيء. وفي اللاتينية، تعني كلمة "*omni*" "كل شيء"، وتعني كلمة "*science*" بمعناها الأصلي "المعرفة" أو "المعرفة". يكتب آرثر بينك.

الله...يعلم كل شيء: كل شيء ممكن، وكل شيء فعلي؛ كل الأحداث وكل المخلوقات، في الماضي والحاضر والمستقبل.[3]

وبعبارة أخرى، لا يحتاج الله إلى أن يتعلم أي شيء، ولا يصبح تدريجياً كلي العلم. إن معرفته بكل شيء كانت ولا تزال وستظل دائماً كاملة أيوب 37: 16. لا شيء يفاجئه، حتى أكثر الأعمال شراً، ولا شيء، لا شيء على الإطلاق، يفلت من انتباهه .

علم الله يمتد إلى الأحداث الفعلية والمحتملة

الله يعلم ما حدث، وما سيحدث، وما كان يمكن أن يحدث، وما قد يحدث بعد. في متى 11: 21، قال يسوع، "ويل لك يا كورزين! ويل لك يا بيت صيدا! لأنه لو صنعت في صور وصيدا المعجزات التي صنعت فيكما، لتابتا قديماً في المسوح والرماد". لقد أكد يسوع بشكل قاطع أن صور وصيدا كانتا لتابتا لو رأتا المعجزات التي صنعها يسوع والتي رآها هؤلاء الناس في كورزين وبيت صيدا. هذه هي معرفة ما كان يمكن أن يحدث، وليس مجرد معرفة ما حدث . هذا هو مدى علم الله بكل شيء.

[3] صفات الله ، ص21.

ربما يكون الجزء الأكثر شيوعًا من الكتاب المقدس الذي يصف علم الله بكل شيء هو المزمور 139: 1-6 والآيات 15-16، الذي يقول، "لقد فحصتني يا رب وعرفتني . أنت تعرف متى أجلس ومتى أقوم. تدرك أفكاري من بعيد. تميز خروجي واضطجاعي. أنت تعرف كل طرقي. قبل أن تكون كلمة على لساني أنت يا رب تعرفها تمامًا . تحاصرني من الخلف ومن الأمام وتضع يدك علي. هذه المعرفة عجيبة جدًا بالنسبة لي، وعالية جدًا بالنسبة لي أن أدركها ... لم تكن بنيتي مخفية عنك حين صنعت في مكان سري، حين نسجت معًا في أعماق الأرض. رأت عيناك أعضائي. كل الأيام المعينة لي كتبت في سفرك قبل أن يكون واحد منها ". إنه حقًا يتجاوز فهمنا المحدود أن نفهم إلهًا يعرفنا بهذه الدقة!

ليس هذا فحسب، بل إن الله يعرف أيضًا كل شيء عن مخلوقاته الأخرى، مثل الطيور وحتى النجوم. يقول المزمور 147: 4-5، "يُحصي عدد النجوم ويدعو كل منها باسم. عظيم هو ربنا وقوي القدرة. ليس لفهمه حد". يقول المزمور 50: 11 أن الله "يعرف كل طائر في الجبال".

إن الله يعلم المستقبل أيضًا من حيث الأحداث التي ستحدث. إن مجرد حقيقة أن العديد من النبوءات قد تحققت وفقًا لتوقعاتها يجب أن تعلمنا هذه الحقيقة على سبيل المثال، ولادة العذراء كما تنبأ إشعياء 7: 14 وتحققت في متى 1: 18-25، وبيت لحم، المكان الذي سيولد فيه يسوع كما تنبأ ميخا 5: 2 وتحققت في لوقا 2: 4-7. يجب أن يمنحنا هذا الثقة في أن الله سيحقق ما كشفه في أجزاء عديدة من الكتاب المقدس، بما في ذلك سفر الرؤيا الذي يتحدث عن أحداث مستقبلية، مثل الأشياء التي "لا بد أن تحدث قريبًا" رؤيا 1: 1.

علم يسوع بكل شيء

حتى يسوع مارس هذه الصفة في خدمته الأرضية، وبذلك أظهر طبيعته الإلهية. في توبيخه للفريسيين الذين اتهموه بالتجديف لأنه أعلن غفران الخطايا لرجل مشلول، نقرأ هذه الكلمات: "فعرف يسوع أفكارهم، فقال: لماذا تفكرون في الشر في قلوبكم؟" متى 9: 4. المعرفة بكل شيء محجوزة لله وحده؛ إذا كان يسوع يعرف أفكارهم، فهو أيضًا إلهي!

ولكن ماذا عن لوقا 2: 52، الذي يقول، "وكان يسوع يتقدم في الحكمة والقامة والنعمة عند الله والناس؟" لماذا كان على يسوع أن ينمو في الحكمة إذا كان قد أصبح بالفعل كلي العلم؟ إن فكرة النمو في الحكمة هنا تشير إلى إنسانية يسوع؛ لم يكن قد اكتسب الحكمة الكاملة بعد عندما كان طفلاً.

على الرغم من أن يسوع كان الله بالكامل يوحنا 1: 1، 14، إلا أنه عندما اتخذ الطبيعة البشرية فيلبي 2: 6-8، فقد أخضع نفسه في طبيعته البشرية لعملية النمو البشري الطبيعية في جميع المجالات. وفي وقت لاحق، حتى في خدمته العلنية، بصفته الله المتجسد، مارس يسوع دائمًا استخدام صفاته الإلهية وفقًا لإرادة الآب يوحنا 6: 38. على سبيل المثال، كانت هناك بعض المناسبات حيث ظهرت معرفته بكل شيء متى 9: 4؛ يوحنا 2: 23-25 وفي بعض المناسبات، تم حظر استخدامها مرقس 13: 32 لأن هذه كانت إرادة الآب.

علم الروح القدس بكل شيء

الروح القدس هو أيضًا كلي العلم. يكتب بولس في 1 كورنثوس 2: 11، "لأنه من يعرف أفكار الإنسان إلا روحه؟ كذلك لا أحد يعرف أفكار الله إلا روح الله". هذا البيان يوضح بوضوح أن الروح القدس، الذي يعرف كل أفكار الله، هو أيضًا إلهي!

إذن، فإن الأشخاص الثلاثة في الثالوث كلي العلم. إنهم يعرفون كل شيء، ولا يخفى عليهم شيء. والآن، كيف تفيد هذه الحقائق المؤمنين؟ بأربع طرق على الأقل.

1. إنه يقودنا إلى تمجيد الله أكثر

على الرغم من أن غير المؤمنين لا يحبون أن الله يعلم كل شيء، إلا أن المؤمنين يجب أن يخشوا الله ويحمدوه على هذه الصفة. إن الحقائق، مثل أن الله يعرف كل شيء عنا منذ أن كنا في رحم أمهاتنا، ويعرف كل شعر رأسنا، ويعرف ما نفكر فيه، ويعرف الكلمات التي تخرج من أفواهنا حتى قبل أن تخرج، ويعرف عدد النجوم، ويعرف عدد الحيوانات، وما إلى ذلك، يجب أن تجعلنا ننضم إلى داود في التسبيح قائلين: "إن هذه المعرفة عجيبة عليّ،

وعالٍ عليّ أن أدركها" مزمور 139: 6. نحن الذين انفتحت أعيننا لمعرفة هذا الإله العظيم يجب أن نحمده باستمرار على معرفته بكل شيء.

2. إنه يجلب راحة كبيرة للروح المضطربة

في التجارب. في لوقا 12: 7، قال يسوع، "إن شعور رؤوسكم كلها محصاة. لا تخفوا، أنتم أفضل من عصافير كثيرة". يا لها من فكرة مريحة! يذكرنا المزمور 56: 8 أن الله يحتفظ بسجل لدموعنا. لذلك، حتى أثناء المحن العظيمة، يجب ألا نستسلم للقلق لأنه يعرف ما نمر به.

في الفشل. ليس فقط في التجارب تجلب معرفة علم الله كل شيء الراحة، بل إنها تجلب الراحة أيضًا عندما نخطئ ونخطئ. كيف؟ تذكر أن الله يعرف كل شيء من البداية إلى النهاية، حتى قبل أن نخلق. لذلك، لا تفاجئنا أي خطيئة نرتكبها، حتى لو فاجأتنا.

يقول المزمور 103: 14 أن الله يعرف "أننا تراب". إنه يعرف أننا سنفشل معه في بعض الأحيان. وعلى الرغم من علمه بأننا سنفشل مرارًا وتكرارًا، إلا أن الله لا يزال يضع محبته الثابتة علينا لإنقاذنا وحفظنا حتى النهاية. هذا أمر مريح للغاية! لهذا السبب يمكننا أن نعترف بحرية بكل خطايانا وإخفاقاتنا أمام الله ولا نخجل. إنه يعرف إخفاقاتنا على أي حال. إنه يريدنا أن نكون نظيفين في اعترافنا حتى نتمكن من تجربة تعزيته 1 يوحنا 1: 9. بالإضافة إلى ذلك، لا يحتفظ الله بسجل لخطايانا. يقول المزمور 130: 3-4، "إن كنت أنت يا رب تحفظ خطاياك يا رب فمن يقف؟ أما عندنا المغفرة حتى نخدمك بتقوى". لا يحتفظ الله بسجل لخطايانا فحسب، بل يعد أيضًا "ألا يذكر خطايانا بعد" عبرانيين 8: 12؛ إشعياء 43: 25 عندما نصبح أبنائه. لا تفهم خطأً. إن الله لا يعاني من مشاكل في الذاكرة عندما ينسى خطايانا؛ وهذا يعني أن الله لن يلقيها في وجوهنا يوم القيامة.

لقد أخطأ بطرس عندما أنكر الرب ثلاث مرات، ولكن عندما واجهه الرب القائم من بين الأموات للمرة الثالثة بالسؤال: "أتحبني؟" ماذا كان رد بطرس؟ "يا رب، أنت تعلم كل شيء. أنت تعلم أني أحبك" يوحنا 21: 17، التشديد مني. ما هو أساس نداء بطرس؟ إنه علم يسوع بكل شيء! بعبارة

أخرى، قال بطرس: "يا رب، أنت تعرف قلبي. على الرغم من أنني أنكرتك، فأنت تعلم أنني فعلت ذلك بدافع الخوف. في أعماقك، أنت تعلم أني أحبك". هذا ما كان يقوله. ويسوع المحب غفر له بحرية وأعاده إلى الخدمة. الآن، هذا أمر مريح!

في بعض الأحيان، تديننا قلوبنا حتى بعد أن طلبنا المغفرة عن خطايانا. فنحن نلوم أنفسنا باستمرار. يجب أن نمتنع عن فعل ذلك! تذكر تأكيد يوحنا: "إن لومتنا قلوبنا، نعلم أن الله أعظم من قلوبنا، ويعلم كل شيء" 1 يوحنا 3: 20. استمد العزاء من معرفة الله بكل شيء.

3. يشجعنا على الصلاة بثقة

في إنجيل متى 6: 8 في سياق الصلاة، يشجعنا ربنا نفسه على الصلاة بتذكيرنا بعلم الله المطلق" :فأبوكم يعلم ما تحتاجون إليه قبل أن تسألوه ." والآن، يواجه البعض صعوبة في الصلاة بسبب هذه الكلمات ذاتها، ويتساءلون: إذا كان الله يعلم ما نحتاج إليه بالفعل، فلماذا نصلي؟ فبينما يقرر الله العليم بكل شيء نهاية كل شيء، فإنه يقرر أيضًا الوسائل. بعبارة أخرى، الصلاة هي إحدى الوسائل التي من خلالها يحقق الله ما خطط له بالفعل. كما أن الصلاة هي وسيلة للتعبير عن اعتمادنا عليه. ولهذا السبب يمكننا أن نتمتع بثقة كبيرة عندما نقترب من عرش نعمة الله، مدركين تمامًا أنه على دراية بكل احتياجاتنا!

4. إنه ينتج شعورًا أكبر بالمسؤولية

يقول سفر الأمثال 5: 21، "لأن طرقك ظاهرة أمام الرب ، وهو يفحص كل سبلك". ويقول سفر الأمثال 15: 3، "عينا الرب في كل مكان، تراقبان الأشرار والصالحين". تجلب هذه الآيات معها شعورًا كبيرًا بالمسؤولية. لا شيء نفكر فيه أو نفعله مخفي عن علم الله.

ويستمر الكتاب المقدس في الحديث عن هذا الموضوع. فليس الله يعرف كل طرقنا فحسب، بل إنه يعرف أيضًا كل دوافعنا. لذا، ليس ما نفعله هو المهم فحسب، بل أيضًا الدوافع، ولماذا نفعل ذلك! يوضح بولس هذا بوضوح في 1 كورنثوس 4: 5، "لذلك لا تحكموا في شيء قبل الوقت المعين. انتظروا حتى

يأتي الرب، فيظهر ما هو مخفي في الظلمة ويكشف نوايا القلب. وحينئذٍ سينال كل واحد مدحه من الله". لا تحظر هذه الآية كل أنواع الحكم، لكنها تحظر الحكم على دوافع قلب الآخرين. نحن لا نعرف دوافع كل قلب. الله وحده يعلم، وهو الذي سيحكم على دوافعهم في المستقبل.

على سبيل المثال، يمكننا أن نكون:

- متواضع ظاهريًا، وفخور داخليًا.
- كريم ظاهريًا ولكن جشع داخليًا.
- ظاهريًا غير أنانيين في خدمتنا ولكننا نسعى داخليًا إلى تعزيز أجندتنا الأنانية.
- محب ظاهريًا، ولكن داخليًا مليء بالغيرة والكراهية.

إن القائمة طويلة. والخلاصة هي أن الأفعال الخارجية وحدها لا تخدع الله. فهو يرى القلوب ويستكشف الدوافع. وقد نقوم بعمل ما "مسيحي" ظاهريًا، وقد يصفق لنا الآخرون. ولكن الله يعرف دوافعنا الحقيقية! ولهذا السبب فإن ارتداء قناع لا طائل منه - ولا جدوى من ممارسة النفاق عمدًا. إن الله يعرف "أنت" الحقيقي و"أنا" الحقيقي! والعكس صحيح أيضًا. فحتى لو انتقدنا الآخرون بسبب بعض الأفعال، وإذا كانت دوافعنا إلهية حقًا، فيمكننا أن نستمد العزاء من أن الله يعرف دوافعنا الحقيقية - حتى لو لم يكن الناس على علم بها. وبالتالي فإن معرفة الله الكاملة تجلب شعورًا أكبر بالمسؤولية.

إذن، هناك أربع فوائد يمكن للمؤمن أن يختبرها من خلال معرفة علم الله أو التأمل فيه:

1. ويدفعنا إلى تسبيح الله أكثر.
2. فهو يجلب راحة كبيرة لأرواحنا المضطربة.
3. فهو يشجعنا على الصلاة بثقة.
4. فهو ينتج شعورا أكبر بالمسؤولية.

ولكن بالنسبة لغير المسيحيين، فإن هذه إحدى تلك الصفات، إلى جانب صفة سيادة الله (أي أن الله يفعل ما يشاء)، التي تزعجهم أكثر من غيرها. لماذا؟ بطبيعتنا، لا نريد لأحد أن يعرف عنا أكثر مما نريده أن يعرفه، حتى فيما يتعلق بالقضايا غير الخاطئة. وعندما يتعلق الأمر بالأفعال الشريرة

الصارخة، فإن المقاومة لهذه الصفة تكون أعظم. على سبيل المثال، لم يعد الزنا يُسمى على هذا النحو بعد الآن. الآن، يُطلق عليه "شأنًا خاصًا"، أي أنه لا يعنيك. ويمتد هذا التفكير أيضًا إلى الله: يا الله، لا تتدخل في حياتي. ما أفعله هو شأني الخاص.

لقد لخص يسوع هذا الموقف بعبارات واضحة في يوحنا 3: 19، "وهذه هي الحكمة: إن النور قد جاء إلى العالم، ولكن الناس أحبوا الظلمة أكثر من النور لأن أعمالهم كانت شريرة". إن البشرية الخاطئة لا تريد أن تُفضح أعمالها: إنها حياتي الخاصة. لا تحرجوني أو تجعلوني أشعر بالسوء بسبب أفعالي. فقط دعوني وشأني. وإذا أثار أي شخص مسألة معرفة الله بكل الأشياء وأننا يجب أن نقدم له حسابًا ذات يوم، فستكون هناك مقاومة هائلة.

إن هذا النوع من المواقف ليس بالأمر الجديد. فقد كان حاضراً حتى في أيام إشعياء عندما واجه الأبرار الأشرار بسبب خطاياهم: "لأن هؤلاء شعب متمرد، أولاد ماكرون، أولاد لا يريدون أن يسمعوا تعليم الرب . يقولون للرائين: لا تروا رؤى بعد! وللأنبياء: لا تعطونا رؤى مستقيمة! أخبرونا بأمور سارة، تنبأوا بأوهام. اذهبوا من هذا الطريق، وابتعدوا عن هذا الطريق، ولا تواجهونا مع قدوس إسرائيل!" إشعياء 30: 9-11. لا تذكرونا بالله. اتركونا وشأننا. ما نفعله هو شأننا الخاص. هذا كان موقفهم.

إننا نرى أن حبنا لتلك الأغنية الشعبية القديمة التي تغنيها فرقة "بوليس" يختلف عن حبنا لها، والتي تقول كلماتها: "في كل نفس تتنفسه، وفي كل حركة تقوم بها، وفي كل قيد تكسره، وفي كل خطوة تخطوها، سوف أراقبك". ولكن الأمر يختلف عندما يتعلق الأمر بمراقبة الله لكل أفكارنا وحركاتنا! إنها فكرة مقززة. والخطاة يكرهون الله لكونه الله! ولكن هذا لن يمنع الله العليم بكل شيء من أن يكون على ما هو عليه. فهو لن ينحني لإرادتنا أو يغير طرقه لكي يرضينا. فهو يعرف كل شيء عنا وسوف يحاسبنا. ولا يمكننا أن نهرب منه. تقول رسالة العبرانيين 4: 13، "ليس شيء في الخليقة كلها مخفيًا عن نظر الله. كل شيء مكشوف ومكشوف أمام عيني ذاك الذي سوف نعطيه حسابًا". لاحظ أن "كل شيء مكشوف ومكشوف" أمام الله العليم بكل شيء والناظر لكل شيء!

ما نفعله في الظلام، هو يعلمه. يقول المزمور 139: 11-12، "إن قلت: إن الظلمة تخفيني والنور يصير حولي ليلاً، فالظلام لا يظلم عندكم، بل يضيء الليل كالنهار، لأن الظلمة عندكم كالنور". ويقول دانيال 2: 22، "يكشف

الأمور العميقة والمخبأة، يعرف ما يكمن في الظلمة، وعنده يسكن النور". عندما وبخ الله القادة الأشرار على "تدبير الشر" حزقيال 11: 2، هذا ما قاله، "أنا أعلم ما يدور في ذهنك" 11: 5، وبالتالي ذكّرهم بعلمه المطلق.

على العكس من ذلك، وفقًا ل المزمور 10: 11ب و13ب، يفكر الأشرار على هذا النحو: "لن يلاحظ الله أبدًا؛ يغطي وجهه ولا يرى أبدًا ... لن يحاسبني". لكنهم ينسون أن الله يراقب. يقول أيوب 34: 21، "عيناه على طرق البشر؛ يرى كل خطواتهم". لاحظ ما يقوله الله نفسه عن أولئك الذين يعيشون كما لو أنه لا يرى خطاياهم:

> الأعداد 32: 23 - تأكد أن خطيئتك سوف تجدك.

> إرميا 16: 17 – عينيَ على جميع طرقهم، فهي ليست خافية عني، ولا خطيئتهم مستترة عن عينيّ.

> هوشع 7: 2 - لكنهم لا يدركون أنني أتذكر كل أعمالهم الشريرة، وخطاياهم تحيط بهم، وهي أمامي دائمًا.

وفي يوم من الأيام، سوف يحكم هذا الإله الذي يرى كل شيء على الناس الذين لم يتوبوا عن خطاياهم ويتجهوا إليه. وهذه هي كلماته التحذيرية الجليلة: "أنا الرب فاحص القلوب وممتحن الكليات، لأجازي كل إنسان حسب سلوكه وحسب أعماله" إرميا 17: 10؛ انظر أيضًا رؤيا 2: 23.

إن نفس الإله الذي يعد بنسيان خطايا أولئك الذين وضعوا إيمانهم في ابنه يسوع، الذي أخذ عقاب خطاياهم، يعد أيضًا بشيء آخر: إنه سيتذكر خطايا أولئك الذين يموتون دون أن تُغَطَّى خطاياهم بدم ابنه يسوع. وسوف يتذكرهم بطريقة تجعلهم يدركون ذلك عندما ينطق بالدينونة الأخيرة بإلقائهم في بحيرة النار إلى الأبد.

هذه هي الحقيقة التي يواجهها أولئك الذين لم يثقوا في يسوع قط. إن علم الله بكل شيء سيكشف كل خطاياك. والطريقة الوحيدة للهروب من هذه النهاية هي أن تبتعد عن خطاياك وتثق في يسوع وحده. فهل ستفعل ذلك اليوم؟

أسئلة للمناقشة

1. كيف أثر هذا الإصحاح على وجهة نظرك حول قداسة الله؟

2. ما هي التغييرات التي يمكنك إجراؤها في حياتك في ضوء هذه الصفة من صفات الله؟

3. كيف تؤثر هذه الصفة من صفات الله على صلواتك؟

4. كيف تؤثر هذه الصفة من صفات الله على تبشيرك؟

آية كتابية للتأمل والحفظ

الأمثال 5: 21 – *لأن طرقك ظاهرة أمام الرب ، وهو يفحص جميع سبلك.*

الصلاة

يا رب، أنت كلي العلم، فلا شيء يخفى عليك. أرجوك ساعدني على إيجاد الراحة في ذلك، وفي الوقت نفسه، تذكر هذه الحقيقة عندما أتعرض للإغراء. أنت تعرف دوافعي، ولماذا أفعل ما أفعله. احميني من ارتداء قناع لخداع الآخرين، وفي هذه العملية، أخدع نفسي. أرجوك ساعدني على عيش حياة نظيفة من الداخل والخارج. آمين!

42

الصفة الخامسة: أبوة الله

تشير أبوة الله إلى كونه أبًا لكل من يأتي إليه من خلال الإيمان بابنه يسوع المسيح.

في كتابه "معرفة الله" ما يلي عن أبوة الله:

> إذا أردت أن تحكم على مدى فهم شخص للمسيحية، فابحث عن مدى فهمه لفكرة كونه ابنًا لله، وأن الله هو أبوه. وإذا لم تكن هذه الفكرة هي التي تدفعه إلى عبادته وصلواته ووجهة نظره في الحياة، فهذا يعني أنه لا يفهم المسيحية جيدًا على الإطلاق. فكل ما علمه المسيح، وكل ما يجعل العهد الجديد جديدًا وأفضل من العهد القديم، وكل ما هو مسيحي مميز في مقابل مجرد كونه يهوديًا، يتلخص في معرفة أبوة الله. "الأب" هو الاسم المسيحي لله.[4]

وبما أن الغرض الكامل من دراسة صفات الله هو النمو في معرفتنا به لأن الله لا يُعرَف إلا من خلال صفاته فإن معرفة الله باعتباره أبا المؤمن ضرورية لفهم الله بشكل أفضل. ومن ثم، في هذا الفصل، سوف ننظر إلى الله باعتباره أبانا.

يبدأ يوحنا إنجيله بوصف من هو يسوع يوحنا 1: 1-5 والاستقبال الذي تلقاه من الشعب اليهودي عندما قدمه يوحنا المعمدان يوحنا 1: 6-13. في حين رفضته الأغلبية العظمى، إلا أن قِلة منهم ما زالوا يؤمنون به. وبالنسبة لتلك الأقلية التي قبلت يسوع، عزاهم يوحنا بهذه الكلمات المطمئنة: "وأما كل الذين قبلوه فأعطاهم سلطاناً أن يصيروا أولاد الله، أي المؤمنين باسمه" يوحنا 1: 12. نحن أبناء الله بسبب إيماننا بيسوع،هذا هو الوعد، هذا هو الضمان الحقيقي للقدرة على تسمية الله أباً لنا. وهذه العملية التي من خلالها يجعلنا الله أبناءه

---

[4]مقتبس من كتاب جون ماك آرثر، الله: مواجهة جلالته وجهاً لوجه، ص 126 .

وبالتالي يمكننا أن نسميه "أباً" هي ما يسميه الكتاب المقدس "التبني". التبني هو أعلى امتياز يمكننا أن نختبره - حتى أعلى من التبرير. دعني أشرح.

إن التبرير يحدث في اللحظة التي ننال فيها غفران الخطايا. أي عندما يقف الخاطئ المذنب أمام الله القدوس، محكوماً عليه بالموت، ويتحرر من الخطيئة والذنب بسبب التوبة عن الخطايا ووضع الإيمان في يسوع المسيح. إن التبرير هو الأساس لكل نعمة أخرى لأنه يلبي احتياجنا الروحي الأساسي. ومع ذلك، فهو ليس أعظم نعمة. لماذا؟ التبرير هو مصطلح قانوني ينظر إلى الله كقاضي. ويتعلق الأمر بوقوفنا أمام شريعة الله المقدسة. أما التبني، من ناحية أخرى، فهو فكرة عائلية. في التبني، "يجعلنا الله أعضاء في عائلته".[5]ينظر التبني إلى الله كأب، وبالتالي يشير إلى القرب والمودة والكرم. "أن نكون على حق مع الله القاضي هو أمر عظيم، ولكن أن نحب ونهتم من قبل الله الآب هو أمر أعظم بكثير". [6]ربما يساعدنا المثال التالي فهم هذا المفهوم بشكل أفضل:

لنفترض أن أحدهم قتل ابنك وأُلقي في السجن، ويواجه حكم الإعدام. هل تسامح هذا الرجل وتطلق سراحه؟ هذا في حد ذاته أمر عظيم. لكنك لا تتوقف عند هذا الحد. بعد إطلاق سراح القاتل من السجن، تتبناه الآن، وتجعله ابنك، وتمنحه كل الامتيازات التي كان ليحظى بها ابنك! كيف سيبدو ذلك؟ حتى أن الناس سيصفونك بالجنون! لكن هذا سيظهر مدى حبك له والبركة التي اختبرها قاتل ابنك الثمين.

أليس هذا هو الصورة التوراتية للتبرير والتبني؟ كان بإمكان الله أن يتوقف عند التبرير. لكنه لم يفعل. فبالإضافة إلى نعمة التبرير، أعطانا نعمة التبني الأفضل، والتي من خلالها يجعلنا أبناءه وبناته! ولهذا السبب فإن التبني نعمة أعظم من التبرير. ومن خلال التبني نرى أبوة الله تتجلى بوضوح.

كان مفهوم الله كأب حاضرًا حتى في العهد القديم خروج 4: 22؛ مزمور 103: 13؛ إشعياء 64: 8. ومع ذلك، في العهد الجديد، نرى أبوة الله بالمعنى الكامل، حيث تم الكشف لنا عن مفهوم التبني بشكل أكثر وضوحًا. تظهر كلمة التبني المترجمة خمس مرات - جميع ظهوراتها تظهر في رسائل بولس رومية 8: 15، 23، 9: 4؛ غلاطية 4: 5؛ أفسس 1: 5. كان قراء بولس قد فهموا هذا المفهوم بوضوح لأن التبني كان أكثر شيوعًا في زمن العهد الجديد منه في

---

[5]واين جرودم، اللاهوت النظامي، ص 913.

[6] جي أي باكر، معرفة الله ، (لندن: المملكة المتحدة، زمالة إنترفارستي المسيحية، 1973)، ص 253.

زمن العهد القديم (على الرغم من أن ابنة فرعون تبنت موسى). في العصر الروماني، كان من المعتاد أن يتبنى الأثرياء الشباب البالغين الذين يرون أنهم مناسبون ويمكنهم حمل اسم العائلة. حتى أن العديد من القياصرة اتبعوا هذه الممارسة.

لم يتبننا لأنه كان في احتياج أو لأنه رأى فينا شيئًا صالحًا يعود عليه بالنفع. بل كل ما رآه فينا هو متمردون أداروا ظهورهم له. ومع ذلك، تبنانا لأنه اختار ببساطة أن يفعل ذلك من باب محبة خالصة أفسس 1: 4-5. إن مثل هذا الحب أمر مذهل! ففي يوحنا 17: 26، كانت رغبة يسوع أن يحب الآب أولئك الذين يتبعون يسوع بنفس المحبة التي يحب بها ابنه: "لقد جعلتكم في محبة الله، في محبة الله، في محبة الله". "إننا نعرفهم، وسأعرفكم أيضًا، لكي تكون محبتك لي فيهم، وأكون أنا نفسي فيهم". لا تمييز في العائلة الإلهية. فنحن محبوبون تمامًا كما أحب يسوع! فلا عجب أن ينفجر الرسول يوحنا في التسبيح، "انظروا أية محبة أعطانا الآب حتى ندعى أولاد الله!" 1 يوحنا 3: 1.

ومثل هذا الحب الذي يؤدي إلى تبنينا يؤدي إلى أربع فوائد عملية على الأقل.

1. التبني يمكّننا من تسمية الله أبانا

لقد استخدم يسوع مصطلح " أبا، أيها الآب" عندما خاطب الله بصفته أبيه مرقس 14: 36. ويمكن للمؤمنين أيضًا أن ينادوه " أبا، أيها الآب" غلاطية 4: 6 بسبب الوجود الساكن للروح القدس. لقد تم تأسيس علاقة جديدة مجيدة ستستمر إلى الأبد. نحن محبوبون، ومُعتنى بنا جيدًا، ولن ننفصل أبدًا عن أبينا السماوي الرائع!

2. التبني يثري حياتنا الصلاة

لقد علمنا يسوع أن نخاطب الله بـ "أبانا الذي في السموات" عندما نصلي متى 6: 9. هذه العلاقة الحميمة تمكننا من التقرب من الله أبينا بكل طلباتنا لأنه يهتم بنا. يمكننا أن نتحرر من القلق. يمكننا أن نتحرر من الشعور بالذنب. إنه يغفر لنا كل خطايانا عندما نعترف بها. يسمع أبونا المحب دائمًا صلوات أبنائه ويجيب عليها وفقًا لإرادته الطيبة ورضاه.

3. التبني يعزز أملنا في المستقبل

يخبرنا بولس في رومية 8: 23ب أننا "ننتظر التبني فداء أجسادنا". ثم تابع قائلاً: "لأننا بهذا الرجاء خلصنا. ولكن الرجاء المنظور ليس رجاءً على الإطلاق. من يرجو ما له؟ ولكن إن كنا نرجو ما ليس لنا بعد فإننا ننتظره بصبر" رومية 8: 24-25. في الأساس، كان بولس يقول إن التجربة الأكمل للتبني التي ستأتي هي عندما ننال أجسادًا ممجدة. يجب أن تملأنا هذه الحقيقة بأمل ثابت لتحمل تجارب هذه الحياة الحاضرة. وفقًا لـ 2 كورنثوس 1: 22ب ، وضع الله "روحه في قلوبنا عربونًا، ضامنًا لما هو آتٍ". تشير عبارة "ضامنًا لما هو آتٍ" إلى حقيقة أنه في المستقبل، سنكون مع الرب في حالتنا الممجدة إلى الأبد. هذه الحقيقة تقوي أيضًا رجاءنا.

4. التبني يمكّننا من أن نتلقى تدريبًا من الله

يقول عبرانيين 12: 5ب-6، "يا ابني، لا تستخف بتأديب الرب، ولا تفشل إذا وبخك، لأن الرب يؤدب من يحبه، ويؤدب كل من يقبله كابن له". ويستمر الكاتب في ذكر ، "احتملوا المشقة كأدب؛ يعاملكم الله كأولاده" عبرانيين 12: 7. في الأساس، يقول كاتب العبرانيين أنه لأننا أبناء الله، يؤدبنا الله. وهذا أمر جيد! فهو يُظهر أننا أبناؤه! الهدف النهائي لعملية التأديب هذه مذكور في عبرانيين 12: 10: "لكي نشترك في قداسته".

في ضوء هذه الفوائد الأربع للتبني (ويمكن إضافة المزيد)، ما الذي ينبغي أن يكون رد فعلنا؟ الأمر بسيط. علينا أن "نقتدي بالله أبينا". إذا كنا أبناءه وبناته، فيجب أن نظهر الشبه العائلي! وهذا يعني أنه يتعين علينا أن نسعى إلى القداسة لأن الله قدوس 1 بطرس 1: 15-16. يجب أن نحب كما يحب الله أفسس 5: 1-2، بمحبة تمتد حتى إلى أعدائنا متى 5: 44-45. يجب ألا ينسى أبناء الله أبدًا أننا عائلة واحدة. لهذا السبب لا يوجد مجال للمرارة والغيرة والقتال. نشارك بعضنا البعض أفراح وأحزان. يا له من أب محب لنا في الله. ويا له من مستقبل مجيد لنا! أثق أن هذه الحقائق ستعزز عزمنا المقدس على تقليد أبينا!

إذا لم تكن ابنًا لله ولا تزال غير قادر على أن تدعوه أبا لك، فإن اليوم هو يوم جيد لتسوية هذه المسألة. يمكنك أن تتبناك في عائلته بالابتعاد عن خطاياك واحتضان المسيح ربًا ومخلصًا لك. مرة أخرى، اسمحوا لي أن أذكركم ب

يوحنا 1: 12، "وأما كل الذين قبلوه فأعطاهم سلطانًا أن يصيروا أولاد الله،
أي المؤمنين باسمه". عندما تضع إيمانك في يسوع، فسوف يتم الترحيب بك
في عائلة الله كابن أو ابنة له. وعندها يمكنك أيضًا التمتع بكل هذه الفوائد
المترتبة على التبني! لا تتردد. من فضلك تعال. فالله لديه دائمًا مكان في عائلته
لمزيد من الأطفال! الآباء البشر لديهم نقاط ضعف، وغالبًا ما يفشلون. ومع
ذلك، فإن الآب السماوي الوحيد ـ أب الرب يسوع المسيح ليس لديه نقاط
ضعف. لن ينساك أو يخذلك أبدًا. سيحبك بحب كامل إلى الأبد!

أسئلة للمناقشة

- كيف أثر هذا الإصحاح على وجهة نظرك حول قداسة الله؟

- ما هي التغييرات التي يمكنك إجراؤها في حياتك في ضوء هذه الصفة من صفات الله؟

- كيف تؤثر هذه الصفة من صفات الله على صلواتك؟

- كيف تؤثر هذه الصفة من صفات الله على تبشيرك؟

آية كتابية للتأمل والحفظ

رومية 8: 15 ـالروح الذي أخذتموه لا يجعلكم عبيداً حتى تعيشوا في خوف، بل هو الذي جعلكم تتبنون البنوة، وبه نصرخ: «يا أبا الآب».

الصلاة

يا أبانا، ما أعظم الامتياز الذي منحتنا إياه أن ندعوك أبانا السماوي. نشكرك على هذه العلاقة الحميمة. ساعدنا على أن نعيش مثل أولادك كما عاش ربنا ومخلصنا يسوع. من فضلك أعطنا روح التواضع لنقبل الأوقات التي تؤدبنا فيها. ساعدنا أن نتذكر أنك تؤدب كل من تحب وأنك تفعل ذلك من أجل خيرنا ومجدك. آمين!

الصفة السادسة: محبة الله

إن محبة الله تشير إلى أنه يعطي "نفسه وعطاياه تلقائيًا، وبإرادته،
وبحق، وأبديًا، من أجل خير الكائنات الشخصية
بغض النظر عن استحقاقها أو استجابتها".[7]

محبة الله أو محبة الله هي أكثر صفات الله شهرةً وأكثرها مناقشةً.
نقرأ في 1 يوحنا 4: 8، "الله محبة". ويتكرر نفس الشيء لاحقًا في
1 يوحنا 4: 16 أيضًا. لاحظ بعناية أنه لا يقول إن الله لديه محبة
بل إن الله محبة . الحب ليس مجرد واحدة من صفات الله. بل إن
الحب هو طبيعة الله ذاتها. ترتبط صفات الله الأخرى، مثل الرحمة
والصلاح والصبر والنعمة، ارتباطًا وثيقًا بالحب لأنها تنشأ من
محبة الله. وكلما فهمنا محبته أكثر، كلما شعرت قلوبنا المضطربة
بالسلام، وكلما زاد حبنا له وللآخرين. لتحقيق هذا الهدف، سننظر
في أربع خصائص رئيسية لمحبة الله في هذا الفصل ثم نستخلص
تطبيقات عملية لحياتنا.

السمة رقم 1 محبة الله هي محبة طوعية

لم يكن الله ولا يزال مجبرًا على أن يحبنا. ولم يضع محبته علينا لأننا كنا
مستحقين أن نُحَب. بل على العكس تمامًا. فنحن أناس لا نستحق ذلك، وقد
أخطأنا كثيرًا في حقه. ومع ذلك، وضع الله محبته علينا من تلقاء نفسه، دون
أن يتأثر بأي عوامل خارجية. نقرأ في 1 يوحنا 4: 10، "هذا هو الحب: ليس
أننا نحن أحببنا الله، بل أنه هو أحبنا". وفي وقت لاحق، نقرأ في 1 يوحنا 4:
19، "نحن نحب لأنه هو أحبنا أولًا".

إن محبة الله الطوعية ليست مجرد مفهوم في العهد الجديد. فنحن نرى هذه
الحقيقة مذكورة حتى في العهد القديم. ففي سفر التثنية 7: 7-8، يصف الله

7، رولاند ماكون، اللاهوت النظامي، المجلد I (ألين بارك: ميشيغان، معهد ديترويت اللاهوتي
المعمداني)، ص 255.

محبته العهدية لإسرائيل بأنها لا تقوم على أساس جدارة إسرائيل بل على أساس اختياره الطوعي: " لم يكن لأنكم أكثر عدداً من سائر الشعوب، لأنكم أقل من كل الشعوب، التصق الرب بكم واختاركم. بل لأن الرب أحبكم وأوفى بالقسم الذي أقسم لآبائكم، فأخرجكم بيد شديدة وفداكم من أرض العبودية من يد فرعون ملك مصر". وبعبارة بسيطة، أحب الله إسرائيل لأنه اختار أن يحبهم.

السمة الثانية: محبة الله محبة مقدسة

إن محبة الله لا تلغي قداسته. إن كون "الله محبة" 1 يوحنا 4: 8 لا يقلل أو ينكر صفات الله الأخرى، مثل "الله نور" 1 يوحنا 1: 5 أو أن "الله قاضٍ عادل" مزمور 7: 11. حتى في المقطع الشهير يوحنا 3: 16، أحب الله العالم بطريقة تضمنت توفير الكفارة عن الخطيئة، كما تشير العبارة، "بذل ابنه الوحيد". إن محبة الله مقدسة، مما يعني أنه لا يمكن أن يأخذ الخطيئة باستخفاف - حتى في حياة أبنائه. لهذا السبب تقول رسالة العبرانيين 12: 6، "الذي يحبه الرب يؤدبه، ويؤدب كل من يقبله كابن له". قد يتضمن هذا النوع من التأديب أحيانًا المرض وحتى الموت 1 كورنثوس 11: 30! الحب المقدس لا يمكنه ولن يتجاهل الخطيئة.

لقد نشرت الصحف ذات يوم قصة عن أب وأم وجدا أن ابنتهما الصغيرة قد أخذت وأكلت شيئاً من الخزانة، فبدأا يهزانها ويصفعانها. وعندما شعرت الطفلة بالنعاس لم يتوقفا عن ذلك بل استمرا في هزها وصفعها لمدة أربع ساعات. وما بدا وكأنه عقاب قاسٍ لمثل هذه الجريمة البسيطة كان في الواقع مدفوعاً بالحب. لقد ابتلعت الطفلة عشرة أقراص منومة، وقال الطبيب إن الأمل الوحيد لإنقاذ حياة الطفلة هو إبقاؤها مستيقظة.

وبالمثل، لا نفهم دائمًا المسار الذي يقودنا الله إليه، ولكن يمكننا أن نكون على يقين من أن تأديبه دائمًا نابع من الحب. لا يختار الله أن يوقف قسوة الرياح، بل يوجهنا ويحملنا عبرها.

السمة رقم3 محبة الله هي محبة تضحية

إن محبة الله تعطي حتى لو كانت التكلفة باهظة للغاية. وكثيراً ما يتسم الحب البشري بالكلمات النبيلة والأفعال الفارغة، كما نرى في الوعود العظيمة التي تُقَدَّم في يوم الزفاف والتي تتبعها للأسف طلاق مرير بعد شهور أو سنوات. وعندما يتعين تقديم تضحيات، ينهار الحب البشري في أغلب الأحيان.

ولكن محبة الله ليست كذلك. إنها تضحية. ولا يوجد مثال أسمى لحب الله التضحيوي أكثر وضوحًا من الصليب. هنا أعطى الله الخطاة مثلك ومثلي أفضل ما لديه ابنه الوحيد الرب يسوع المسيح كما ورد في رومية 5: 6-8، "فإن المسيح مات في الوقت المناسب، ونحن بعد ضعفاء، من أجل الأشرار. نادرًا ما يموت أحد من أجل بار، مع أنه من الممكن أن يجرؤ أحد أن يموت من أجل صالح. ولكن الله أظهر محبته لنا في هذا: إذ بينما كنا بعد خطاة مات المسيح من أجلنا". وكيف ننسى الكلمات المألوفة جدًا في يوحنا 3: 16، "لأنه هكذا أحب الله العالم حتى بذل ابنه الوحيد، لكي لا يهلك كل من يؤمن به، بل تكون له الحياة الأبدية".

تحكي قصة عن شاب في فرنسا كان يحب والدته حبًا شديدًا، لكنه اتبع أسلوب حياة مليئًا بالخطايا. فقد انجذب بشدة إلى امرأة شريرة جرّته إلى المزيد والمزيد من الخطايا. حاولت الأم المحبة إعادته إلى الخطيئة، مما تسبب في كراهية المرأة للأم. وفي إحدى الليالي، جعلت المرأة الشاب يشرب الخمر واتهمته بأنه لا يحبها حقًا. فوعدها بأنه يحبها حقًا. وقالت له إنه إذا أحبها حقًا، فسوف يتخلص من والدته التي كانت تحاول فصله عنها.

وتتابع القصة أن الشاب هرع من منزل المرأة وذهب إلى منزله حيث كانت والدته نائمة. وفي عمل من أعمال القسوة الشديدة، ضرب والدته حتى الموت ثم ذهب ليمزق قلبها ويحضره إلى حبيبته. وبينما كان يركض إلى منزل حبيبته بقلب أمه الدامي، تعثر بحجر وتعثر وسقط. وعلى الفور صاح القلب الدامي: "يا بني، هل أصابك أذى؟"

هذا هو نوع الحب التضحيوي الذي يظهره الله للخطاة الرهيبين مثلك ومثلي. في كل مرة نتعرض فيها لإغراء الشك في محبة الله، يجب أن ننظر إلى الصليب ونتذكر مرارًا وتكرارًا مدى محبة الله لنا. هل ينسانا من لم يحجب ابنه من أجلنا رومية 8: 32؟ هل يتخلى عنا؟ أبدًا!

السمة رقم 4 محبة الله هي محبة أبدية

غالبًا ما يعتمد الحب البشري على المشاعر العاطفية التي تتقلب صعودًا وهبوطًا. عندما ترتفع عواطفي، سأحبك. عندما أشعر بالإحباط، سأبتعد عنك. إذا كنت تحبني ولا تخيب أملي أبدًا، فسأحبك. وإلا، فلن أستطيع أن أحبك.

ولكن محبة الله ليست كذلك. فهو لا يغير رأيه. فمحبته تدوم إلى الأبد. لقد أحبنا حتى قبل خلق السماوات أفسس 1: 4-5. وسوف تمتد محبته إلى الأبد حتى بعد خلق السماوات الجديدة والأرض الجديدة. إنها محبة أبدية، كما يعلن الله نفسه من خلال إرميا، "أحببتك محبة أبدية. أجذبتك برحمة لا تخيب" إرميا 31: 3. وبينما تشير هذه الآية في المقام الأول إلى محبة الله الأبدية المنتخبة لإسرائيل، يمكننا تطبيقها بشكل مشروع على جميع المؤمنين في جميع الأعمار. في رومية 8: 38-39، قال بولس، "لأني متيقن أنه لا موت ولا حياة، ولا ملائكة ولا رؤساء، ولا حاضر ولا مستقبل، ولا قوات، ولا علو ولا عمق، ولا أي شيء آخر في الخليقة، يقدر أن يفصلنا عن محبة الله التي في المسيح يسوع ربنا". لقد طرح بولس السؤال عما إذا كان أي شيء على الأرض يستطيع أن يفصلنا عن محبة الله رومية 8: 35أ، وأجاب على هذا السؤال بـ " لا" مدوية من خلال سرد كل القوى المحتملة التي لا يمكنها أن تخلق مثل هذا الانفصال - وهذا هو كل شيء رومية 8: 35ب-39.

إن محبته أبدية. يا لها من فكرة مريحة! حتى لو كرهنا العالم أجمع بما في ذلك أقرب الناس إلينا وأعزهم ورفضونا، فإننا نستطيع أن نتعزى. إن ملك الكون الذي خلقنا وأرسل ابنه ليموت من أجلنا لن يكف عن محبتنا. ولن يكرهنا أو ينكرنا حتى عندما نفشل فشلاً ذريعاً. لقد فشل بطرس فشلاً ذريعاً عندما أنكر يسوع ثلاث مرات. ومع ذلك، جاء يسوع إليه شخصياً وأكد له محبته يوحنا 21: 15-17. حتى عندما نمر بتجارب شديدة، ونشعر وكأن الله بعيد أو نسينا للتو، فلا ينبغي لنا أن نفقد الأمل. لقد أحبنا الله بحب أبدي.

لقد رأينا أربع خصائص جميلة لمحبة الله: إنها طوعية، ومقدسة، ومضحية، وأبدية. ما هي الآثار المترتبة على اكتساب هذه المعرفة؟ هناك اثنان على وجه الخصوص: يجب أن يزداد حبنا لله وحبنا للقريب.

في إنجيل متى 22: 37-39، علّمنا يسوع الوصيتين الأكثر أهمية: "أحب الرب إلهك بكل قلبك وكل نفسك وكل فكرك. هذه هي الوصية الأولى

والأعظم. والثانية مثلها: أحب قريبك كنفسك". دعونا نرى بإيجاز كيف يمكن أن يحدث هذا بطرق عملية.

1. ينبغي أن يزداد حبنا لله

ينبغي أن تزداد محبتنا لله في المجالات العملية مثل ما يلي:

التسبيح. لاحظ كيف انفجر يوحنا بالتسبيح عندما تأمل في محبة الله: "انظروا أية محبة أعطانا الآب حتى ندعى أولاد الله ونحن كذلك!" 1 يوحنا 3: 1. يجب أن نحمده باستمرار لأنه يحبنا دون المساومة على طبيعته المقدسة. يجب ألا نتذمر أو نغضب عليه عندما يؤدبنا. هذا لخيرنا. يعلمنا حبه المقدس أن نسعى إلى القداسة في كل ما نفكر فيه ونفعله.

النقاء. لاحظ كيف يدعونا يوحنا أيضًا إلى السعي وراء النقاء: "كل من عنده هذا الرجاء فيه، طهر نفسه كما هو طاهر" 1 يوحنا 3: 3. كيف يمكننا أن نؤذي من أحبنا على الرغم من بؤسنا؟

الكتاب المقدس والصلاة. نعبر أيضًا عن حبنا لله من خلال قضاء الوقت في قراءة الكتاب المقدس (الاستماع إليه) والصلاة (التحدث إليه).

العطاء التضحوي. إن محبة الله التضحوية، التي من خلالها أعطانا أفضل ما عنده، تطالبنا بألا نمنع أي شيء من أن يُستخدم لأغراض الله. إن أموالنا ووقتنا وممتلكاتنا كلها ملك لله. يجب أن نسأل أنفسنا: هل يتضمن التضحية بوقتي وأموالي لأغراض الله عنصرًا تضحويًا ؟ إذا لم يكن الأمر كذلك، فيجب أن نتوب ونستجيب بشكل صحيح. قال داود في 2 صموئيل 24: 24، "لن أذبح للرب إلهي محرقات مجانية". عندما نحب شخصًا ما، فلن نحسب التكلفة. لم تحسب مريم التكلفة عندما سكبت العطر الثمين على يسوع يوحنا 12: 3. لماذا؟! لقد تأثرت بحب يسوع لها، وردًا على ذلك، عبرت عن حبها له بتضحية.

الثقة المستمرة. يجب أن نستمر في الثقة به حتى عندما تبدو الأمور مظلمة. من يستمر في حبه لنا يستحق نفس الشيء منا.

2. ينبغي أن تزداد محبتنا لجيراننا

يقول أفسس 5: 1-2، "فاتبعوا [أو قلدوا] مثال الله، كأولاد محبوبين، وامشوا في طريق المحبة، كما أحبنا المسيح وأسلم نفسه لأجلنا قربانًا وذبيحة لله رائحة طيبة". ثم في 1 يوحنا 4: 11-12، نقرأ، "أيها الأحباء، إن كان الله قد أحبنا هكذا، ينبغي لنا أيضًا أن نحب بعضنا بعضًا. لم يرَ أحد الله قط. ولكن إن أحببنا بعضنا بعضًا، فالله يثبت فينا ومحبته تكمل فينا".

وفيما يلي بعض الطرق التي يمكننا من خلالها تقليد محبة الله من خلال محبتنا لجيراننا.

الحب الطوعي. فكما أن محبة الله لنا لم تكن مبنية على استحقاقنا، فإن محبتنا للآخرين يجب أن تكون كذلك. يجب أن نكون على استعداد لمحبة الآخرين بغض النظر عن لونهم، أو اللغة التي يتحدثون بها، أو مستوى تعليمهم، أو مقدار الثروة التي قد يمتلكونها، أو مدى سوء حالتهم.

المحبة المقدسة. نقرأ في 1 كورنثوس 13: 6، "المحبة لا تفرح بالشر بل تفرح بالحق". وإذا أردنا أن نحاكي محبة الله بهذه الطريقة الخاصة، فلا ينبغي أن يتسبب حبنا للآخرين في عدم مبالاة أو صمتنا عن خطاياهم. بل ينبغي لنا أن نحذرهم في محبة. كما ينبغي ألا نفعل أي شيء من شأنه أن يؤذيهم أيضًا. وينبغي أن تكون كلماتنا للآخرين محبة ولطيفة. وينبغي لنا دائمًا أن نتحدث بكلمات تبني الآخرين - وليس تهدمهم. وهذا يعني عدم الكذب أو النميمة أو الافتراء أو الكلام الخاطئ أفسس 4: 29. وهذا يعني أيضًا ألا نكون حجر عثرة لهم بأفعالنا 1 كورنثوس 10: 31-33.

الحب التضحيوي. يوضح يوحنا كيف ينبغي لنا أن نستجيب في ضوء هذا الحب التضحوي في 1 يوحنا 3: 16: "بهذا نعرف ما هي المحبة: يسوع المسيح وضع نفسه لأجلنا. ونحن ينبغي لنا أن نضع أنفسنا لأجل إخوتنا". ثم يمضي يوحنا في إعطاء مثال لكيفية التعبير عن هذا الحب التضحوي بمعنى عملي في الآيتين 17 و18: "إن كان أحد له مقتنيات مادية ورأى أخاه محتاجًا ولم يشفق عليه فكيف تكون محبة الله فيه؟ أيها الأولاد الأعزاء، لا نحب بالكلام أو باللسان بل بالعمل والحق".

الحب الأبدي. وبما أن الله لا يتوقف عن محبتنا عندما نخذله، فلا يمكننا نحن أيضًا أن نتوقف عن محبة الناس عندما يخذلوننا. ونتذكر في 1 كورنثوس

13: 4 و7 أن "المحبة تتأنى، المحبة لطيفة... [المحبة] ترجو دائمًا وتصبر". فهل محبتنا كذلك؟ وهل هناك من نشعر معه بالبرود في محبتنا؟ إذن، نحتاج إلى تصحيح هذا الأمر. إن إدراكنا أننا محبوبون بمحبة أبدية يجب أن يحفزنا على محبة الآخرين بالمثل.

إن الفهم الأعمق لمحبة الله يجب أن يقودنا دائمًا إلى محبة أعظم لجيراننا، بما في ذلك إخبار الضالين من حولنا عن محبة الله كما عبر عنها المسيح. إن محبة الله ومحبة الآخرين دليل لا ينفصلان عن القلب المتغير حقًا. عندما يغيب الحب لأي منهما، يغيب عمل الروح القدس، مما يشير إلى عدم الخلاص. هذا ما تعلنه كلمة الله في 1 يوحنا 4: 20، "من قال أنه يحب الله وأبغض أخاه فهو كاذب. لأن من لا يحب أخاه الذي أبصره، لا يستطيع أن يحب الله الذي لم يبصره".

إن هذه القوة الخارقة لمحبة الآخرين بما في ذلك أعدائنا , هي دليل أصيل على أن الروح القدس يسكن فينا، مما يشير إلى أننا أبناء الله يوحنا 13: 34-35. إننا مدعوون إلى التشبه بالإله الذي هو محبة. لذا، فنحن بحاجة إلى أن نطلب منه أن يعلمنا وينشطنا من خلال الروح القدس لنحبه والآخرين بحب مماثل لحبه لنا.

إذا لم تكن مسيحيًا بعد، فإنني أحثك على قبول العرض المحب الذي يقدمه الله لك لاحتضان ابنه يسوع المسيح، الذي صُلب من أجل خطاياك وقام من بين الأموات من أجل غفران خطاياك. لن تعرف ما هو الحب الحقيقي حتى تتذوق محبة الله المقدمة من خلال يسوع المسيح. يسوع نفسه يدعوك بمحبة من خلال هذه الكلمات:

متى 11: 28-30 - تعالوا إليّ يا جميع المتعبين والثقيلي الأحمال وأنا أريحكم. احملوا نيري عليكم وتعلموا مني لأني وديع ومتواضع القلب، فتجدوا راحة لنفوسكم. لأن نيري هين وحملي خفيف.

في حال ترددت في قبول دعوته للمجيء إليه لأنك تشعر بأنك قد أخطأت كثيرًا وتشك في أن يسوع سيقبلك يومًا، اسمح لي أن أذكرك بكلمات يسوع المحبة التي تطمئنك: "كل من يأتي إليّ لن أخرجه أبدًا " يوحنا 6: 37ب. لذا، دون تأخير، من فضلك تعال إليه وتذوق حبه الأبدي. قال داود في المزمور 34: 8، "ذوقوا وانظروا ما أطيب الرب . طوبى لمن التجأ إليه".

إذا رفضت هذه الدعوة المحبة من الله، سيأتي الوقت الذي لن تتمكن فيه أبدًا من معرفة معنى الحب إلى الأبد! كل ما سيتبقى لك لتختبره بوعي إلى الأبد هو غضب الله الرهيب.

أسئلة للمناقشة

- كيف أثر هذا الإصحاح على وجهة نظرك حول قداسة الله؟
- ما هي التغييرات التي يمكنك إجراؤها في حياتك في ضوء هذه الصفة من صفات الله؟
- كيف تؤثر هذه الصفة من صفات الله على صلواتك؟
- كيف تؤثر هذه الصفة من صفات الله على تبشيرك؟

آية كتابية للتأمل والحفظ

إرميا 31: 3 – *أحببتك محبة أبدية، وجذبتك إليّ رحمة لا تعرف اليأس.*

الصلاة

يا رب الكريم، اسمك هو الحب، فاقبل صلاتي بالحب.
خطاياي أعظم من رمال البحر الواسع، ولكن حيث تكثر الخطيئة، تكون النعمة أكثر وفرة. انظر إلى صليب ابنك الحبيب، وانظر إلى قيمة دمه الكفاري؛ استمع إلى شفاعته التي لا تفشل أبدًا، وتهمس في قلبي،

"لقد غفرت خطاياك، كن متفائلًا، واستلقِ بسلام"....
لقد أعطيتني أعظم هدية دون أن أطلبها، وهي شخص ابنك، وفيه ستعطيني كل ما أحتاج إليه.[8]

---

[8] آرثر بينيت، وادي الرؤية، ص 270-271.

الصفة السابعة: حكمة الله

إن حكمة الله تشير إلى قدرته على معرفة كل شيء واختيار أفضل الأهداف وأعلىها وأفضل الوسائل لتحقيق تلك الأهداف من أجل تمجيد نفسه أكثر فأكثر.

تُعرف حكمة الله أيضًا بقدرة الله على كل شيء (في اللاتينية، تعني كلمة omni "كل شيء" وتعني كلمة sapient "حكيم"). في ختام رسالته إلى أهل روما، كتب الرسول بولس، "لله الحكيم الوحيد المجد إلى الأبد بيسوع المسيح! آمين" رومية 16: 27. هل لاحظت كيف وصف الله بأنه "الإله الحكيم الوحيد"؟ في وقت سابق في رومية 11: 33، مدح بولس الله على حكمته ومعرفته بهذه الطريقة: "يا لعمق غنى حكمة الله [قدرته على كل شيء] وعلمه [قدرته على كل شيء]! ما أبعد أحكامه عن الفحص، وطرقه عن التتبع!"

في حين أننا لا نستطيع أبدًا أن نفهم تمامًا هذه الصفة من صفات الله، ناهيك عن أي صفة أخرى له، فسوف نحاول فهمها بشكل أفضل من خلال طرح أربعة أسئلة والإجابة عليها:

- ما هي حكمة الله؟
- كيف يظهر الله حكمته؟
- كيف ينقل الله حكمته إلينا؟
- كيف يمكننا أن نعرف أننا ننمو في حكمة الله؟

1. ما هي حكمة الله؟

تشير المعرفة إلى ما يعرفه الإنسان. وتشير الحكمة إلى تطبيق تلك المعرفة. في الكتاب المقدس، تتمتع الحكمة بنوعية فكرية وأخلاقية. لذا، عندما يصف

الكتاب المقدس الله بأنه حكيم، فهذا ما يقوله: إن الله العليم (الجانب الفكري) لديه القدرة على اختيار أفضل وأعلى الأهداف (الجانب الأخلاقي) وأفضل الوسائل (الجانب الأخلاقي) لتحقيق تلك الأهداف من أجل تمجيد نفسه أكثر.

وبعبارة أخرى، فإن حكمة الله هي الجانب العملي من معرفة الله، والتي عندما يتم تطبيقها، تحقق رغباته بطرق تمجده أكثر من أي شيء آخر. وأيًا كان ما اختاره الله بحكمته لإنجازه، فسوف يفعله لأنه يمتلك القدرة على القيام بذلك. تذكر أن الله كلي القدرة. لديه كل القدرة، كما رأينا في الفصل "قوة الله " . ولهذا السبب فإن الكتاب المقدس يربط غالبًا بين حكمة الله وقدرته. وفيما يلي أمثلة محددة:

> أيوب 9: 4 - حكمته عميقة وقوته واسعة فمن قاومه وخرج سالما؟
>
> دانيال 2: 20 - المجد لاسم الله إلى الأبد، له الحكمة والقدرة.
>
> رومية 16: 25، 27 – والقادر أن يثبتكم حسب إنجيلي، الكلام الذي أكرز به عن يسوع المسيح، حسب إعلان السر المكتوم منذ الدهور... لله الحكيم الوحيد المجد إلى الأبد بيسوع المسيح! آمين.

لذا، فإن حكمة الله هي أنه إله كلي العلم، لديه القدرة (أو القوة) على اختيار أفضل الأهداف وأعلبها وأفضل الوسائل لتحقيق تلك الأهداف من أجل تمجيد نفسه أكثر من أي شيء آخر!

2. كيف يُظهِر الله حكمته؟

ونستطيع أن نرى حكمة الله تتجلى في أربعة مجالات على الأقل.

في الخلق. نقرأ في المزمور 104: 24، "ما أعظم أعمالك يا رب! كلها بحكمة صنعتها. الأرض مملوءة من خلائقك". إن ترتيب الكون بأكمله والطريقة الفريدة التي خُلقت بها أجسادنا تُظهر بوضوح حكمة الله.

في الفداء. نقرأ في 1 كورنثوس 1: 18 والآية 25 هذه الكلمات، "لأن كلمة الصليب عند الهالكين جهالة، وأما عندنا نحن المخلصين فهي قوة الله... لأن

جهالة الله أحكم من حكمة الناس، وضعف الله أقوى من قوة الناس". في هذه الآيات، يقول بولس في الأساس أن رسالة الصليب جهالة عند غير المؤمنين (أي "حكماء" العالم). من الذي قد يفكر في مثل هذه الطريقة لإنقاذ الناس؟ ومع ذلك، بالنسبة لأولئك الذين يؤمنون، فإنهم يفهمون حكمة الله من خلال هذه الرسالة. يتمم الله عمله الخلاصي بهذه الطريقة (أي من خلال الوعظ بالصليب) حتى "لا يفتخر أحد أمامه" 1 كورنثوس 1: 29 !

في الكنيسة. عندما بشر بولس بالإنجيل لليهود والأمم، بعد أن آمنوا، أصبحت هاتان المجموعتان اللتان كانتا منقسمتين عرقيًا لقرون جسدًا واحدًا موحدًا في المسيح. تقول رسالة أفسس 3: 6 "هذا السر هو أن الأمم هم ورثة مع إسرائيل، أعضاء جسد واحد، وشركاء في الموعد في المسيح يسوع، بالإنجيل". من خلال جمع هاتين المجموعتين معًا، حقق الله غرضه: "لأن يُعرَّف الآن، بواسطة الكنيسة، بحكمة الله المتنوعة عند الرؤساء والسلاطين في السماويات، حسب قصده الأبدي الذي صنعه في المسيح يسوع ربنا" أفسس 3: 10-11. على سبيل المثال، حتى الملائكة والشياطين يرون قوة الناس من خلفيات عرقية وثقافية واقتصادية مختلفة عندما يجتمعون معًا كجسد واحد في المسيح. وهذا يكشف بعمق عن حكمة الله ويجلب له المجد في النهاية.

في حياة المؤمنين. عندما خلق الله الكون بأكمله، بما في ذلك البشر، أراد أن يتمجد ويكرم من خلالهم. قيل لنا في سفر الرؤيا 4: 11 "أنت مستحق يا ربنا وإلهنا أن تأخذ المجد والكرامة والقدرة، لأنك أنت خلقت كل الأشياء، وبإرادتك خلقت ووجدت". بعبارة أخرى، لقد خلقنا ليكون الله كنزنا الوحيد وهدف حبنا. إن محبته بكل قلوبنا وعقولنا وقوتنا هو هدف وجودنا.

ولكن بسبب دخول الخطيئة وتأثيراتها المدمرة، تعطل هذا الهدف لبعض الوقت! ولكن من خلال الإنجيل، يعمل الله على جلب كل الأشياء إلى ذاته لتحقيق ذلك الهدف الأصلي المتمثل في تمجيد الخليقة كلها وتكريمه كما يستحق بحق. ويتضمن هذا الهدف تكوين شعب لنفسه يحبه ويعتز به ويكرمه فوق كل الأشياء: الشعب المعروف بأبنائه والذي يشملنا، أنت وأنا! وسوف يتحقق هذا الهدف بالكامل عندما نصبح جميعًا مثل يسوع المسيح. هذا هو هدفه للمؤمن. وفيما يلي بعض النصوص التي تسلط الضوء على هذه الحقيقة الرائعة.

> رومية 8: 28-29 – ونحن نعلم أن الله يعمل كل شيء لخير الذين يحبونه، الذين دعوا حسب قصده. لأن الذين سبق فعرفهم

سبق فعينهم ليكونوا مشابهين صورة ابنه، ليكون هو البكر بين إخوة كثيرين.

1 كورنثوس 15: 49 - وكما حملنا صورة الإنسان الأرضي، كذلك سنحمل صورة الإنسان السماوي.

فيلبي 3: 20-21 - ولكن مواطنتنا هي في السماء، ونحن ننتظر بفارغ الصبر مخلصًا من هناك، الرب يسوع المسيح، الذي سيغير أجسادنا المتواضعة بالقوة التي تمكنه من إخضاع كل شيء لسيطرته، حتى تصبح مثل جسده المجيد.

لذلك، يعمل الله على كل الأحداث، سواء الأفراح أو الآلام في حياتنا، ليقودنا إلى تحقيق هذا الواقع النهائي: أن نكون مثل ابنه! ولكن عندما نفشل في فهم هذه الحقيقة، فلن نقبل إرادته بسرور - وخاصة عندما نواجه التجارب! يجب أن نتذكر أن يسوع نفسه لم يكن معفيًا من المعاناة عبرانيين 2: 10. ونحن مدعوون للسير على خطاه 1 يوحنا 2: 6! لهذا السبب يجب ألا نفقد التركيز عندما تأتي المعاناة. يجب أن نستجيب كما فعل بولس، حتى في مواجهة التجارب التي لا هوادة فيها، بالاسترخاء في نعمة الله 2 كورنثوس 12: 7-10. يجب أن نثق ونستسلم لطرق الله لأنه، من خلال جميع مواقف حياتنا، يسعى الله الحكيم إلى تمجيد نفسه من خلال تشكيلنا على صورة المسيح.

3. كيف ينقل الله حكمته إلينا؟

إن بعض صفات الله غير قابلة للنقل (مثل القدرة المطلقة، والعلم بكل شيء، والأبدية، إلخ). ولكن الحكمة هي صفة قابلة للنقل. كيف نعرف ذلك؟ لأن الكتاب المقدس يقول ذلك! فالوصايا العديدة في الكتاب المقدس تدعونا إلى النمو في الحكمة. والجزء الأكبر من سفر الأمثال يؤيد هذه الحقيقة.

الأمثال 1: 1-2 - أمثال سليمان بن داود ملك إسرائيل لاكتساب الحكمة والتأديب لفهم كلمات الفهم.

الأمثال 4: 5 - احصل على الحكمة، احصل على الفهم؛ لا تنسى كلماتي ولا تبتعد عنها.

الأمثال 5: 1 - يا ابني، أنصت إلى حكمتي، وأصغِ إلى كلماتي الثاقبة.

وليس الأمثال فقط، بل إن كتبًا أخرى في الكتاب المقدس تذكر نفس الفكرة أيضًا.

متى 10: 16ب - كونوا حكماء كالحيات وبسطاء كالحمام.

أفسس 5: 15 - كن حذرًا جدًا، إذن، في كيفية عيشك، ليس كجهلاء بل كحكماء.

من هذه الآيات يتضح لنا أن الله يريد أن يمنحنا الحكمة، فكيف نتلقاها؟

أولاً ، يجب أن ندرك حاجتنا إلى الحكمة. فما نملكه ونفتخر به باعتباره حكمة (أي حكمة بشرية) هو حماقة أمام الله. يجب أن نعترف بتواضع أننا لا نملك الحكمة التي يصفها الكتاب المقدس بأنها حكمة حقيقية. يجب أن نعترف بذلك أمام الله، مثل أجور: "إنني حقًّا وحش لا إنسان. ليس لي فهم بشري. لم أتعلم الحكمة ولم أبلغ إلى معرفة القدوس" أمثال 30: 2-3.

ثانياً، يجب أن ندرك أن الله سيعطي الحكمة لمن يطلبها منه. يؤكد لنا سفر الأمثال 2: 6، "لأن الرب يعطي الحكمة، ومن فمه المعرفة والفهم". فلا عجب أن بولس كان يصلي كثيراً من أجل الحكمة في حياة المؤمنين الآخرين في رسائله فيلبي 1: 9-11؛ كولوسي 1: 9. ومع ذلك، عندما نطلب، يجب أن يكون طلبنا مميزاً بهذه المواقف الأربعة:

1. مخافة الرب مزمور 11: 10؛ أمثال 1: 7، 9: 10.
2. المثابرة أمثال 2: 1-6.
3. التواضع أمثال 11: 2.
4. الإيمان يعقوب 1: 5، وخاصة في سياق التجارب.

ثالثًا، يجب أن ندرك أن الله يعطيها من خلال كلمته. يكشف الكتاب المقدس وحده كيف يمكننا أن نخلص (2 تيموثاوس 3: 15) وكيف يمكننا أن نتقدس (أي أن ننمو في القداسة) 2 تيموثاوس 3: 16؛ يوحنا 17: 17؛ أعمال الرسل 20: 32؛ تثنية 4: 5-8؛ مزمور 19: 7، 119: 11. لهذا السبب قال يسوع أننا "لا نحيا بالخبز وحده، بل بكل كلمة تخرج من فم الله" متى 4: 4. للأسف، يعيش معظم المؤمنين المعترفين اليوم من خلال وسائل التواصل الاجتماعي أو التلفزيون أو غيرها من الوسائل، بدلاً من استيعاب الكتاب المقدس بشكل

مباشر. لا يمكن للمرء أن ينمو في الحكمة الحقيقية بعيدًا عن الكتاب المقدس! إنها الكلمة، كما يطبقها الروح القدس، التي يستخدمها الله لمساعدتنا على النمو في الحكمة والفهم. بالطبع، لن تكون المعرفة المجردة مفيدة. يجب أن نطيع ما يعلمنا الله. وإلا فإننا نخدع أنفسنا يعقوب 1: 22!

عندما نطلب الحكمة من الله، يمكننا أن نكون على يقين من أن الله سيمنحنا الحكمة. لماذا؟ لأن مثل هذه الرغبة تشير إلى أننا نسعى إلى تطبيق هذه الحكمة حتى نمجد الله وليس أنفسنا! ويمكننا أن نكون على ثقة من أن مثل هذا الموقف يرضي الله، وأن الله سيسكب حكمته على مثل هذه القلوب.

.4كيف يمكننا أن نعرف أننا ننمو في حكمة الله؟

يعقوب 3: 13-18 هو اختبار جيد:

> "فمن هو حكيم وعالم بينكم؟ فليظهر ذلك بالسيرة الصالحة والأعمال التي في تواضع الحكمة. ولكن إن كان في قلوبكم حسد مرير وتحزب فلا تفتخروا ولا تتكروا الحق. لأن هذه الحكمة ليست نازلة من السماء بل هي أرضية شيطانية. لأنه حيث يكون لكم حسد وتحزب فهناك تجدون الاضطراب وكل عمل رديء. وأما الحكمة التي من السماء فهي أولاً طاهرة ثم مسالمة متأنية خاضعة مملوءة رحمة وثمراً صالحاً بلا محاباة ولا ريب. أما صانعو السلام الذين يزرعون في السلام فيحصدون البر."

كيف تتوافق حياتنا مع ما يقوله يعقوب؟ الجواب سوف يخبر كل واحد منا ما إذا كان ينمو أم لا.

لذا، تم طرح أربعة أسئلة حول الحكمة وتمت الإجابة عليها:

1. ما هي حكمة الله؟
2. كيف يظهر الله حكمته؟
3. كيف ينقل الله حكمته إلينا؟
4. كيف يمكننا أن نعرف أننا ننمو في حكمة الله؟

كما قلت سابقًا، أخبرنا بولس أننا لا نستطيع أبدًا أن نفهم طرق الله بشكل كامل. فهي تتجاوز فهمنا رومية 11: 33. حتى في العهد القديم، أوضح الله لنا ذلك من خلال إشعياء: "لأن أفكاري ليست أفكاركم، ولا طرقكم طرقي، يقول الرب. كما علت السماوات عن الأرض، هكذا علت طرقي عن طرقكم وأفكاري عن أفكاركم" إشعياء 55: 8-9. نعم، ستكون هناك دائمًا أوقات لا نستطيع فيها فهم سبب حدوث أحداث معينة لنا أو عدم حدوثها. قد يبدو من الصعب فهم واتباع أوامر الله خلال تلك المناسبات. ماذا يجب أن تكون استجابتنا في مثل هذه الأوقات؟ فيما يلي بعض الإجابات من الكتاب المقدس:

> الأمثال 3: 5-6 - توكل على الرب بكل قلبك ولا تعتمد على فهمك الخاص. في جميع طرقك اخضع له فيقوم سبلك.

> 1 بطرس 4: 19 – إذن، ينبغي لأولئك الذين يتألمون حسب مشيئة الله، أن يسلموا أنفسهم لخالقهم الأمين، وأن يستمروا في عمل الخير.

أيها الإخوة والأخوات الأعزاء في المسيح، تذكروا أن الهدف النهائي الذي وضعه الله لكما هو أن يقودنا إلى حالة حيث نكون مثل ابنه، وبالتالي نرضيه تمامًا. وسوف نجد صعوبة في الخضوع لإرادته عندما ننسى هذه الحقيقة. ومع ذلك، فإن قبولها بكل قلبنا سوف يؤدي إلى حياة ليست سعيدة فحسب، بل وأيضًا حياة تجلب المجد لله باستمرار وبقدر متزايد.

عزيزي الصديق غير المسيحي، إذا لم تكن مؤمنًا أو كنت تلعب لعبة أن تكون مسيحيًا، فيرجى أن تتذكر أن حكمتك هي حماقة أمام الله رومية 1: 21. تحتاج إلى اللجوء إلى حكمة الله كما ظهرت على الصليب. تحتاج إلى التحول عن طرقك في محاولة إرضاء الله والتوجه إلى طريقه. وهذا من خلال النظر إلى ابنه يسوع، الذي عاش الحياة الكاملة (التي لا يمكنك أن تعيشها حتى لثانية واحدة)، ومات على الصليب وقام مرة أخرى. تعال إلى يسوع "الذي فيه

مخبوءة جميع كنوز الحكمة والمعرفة" كولوسي 2: 3. ضع إيمانك فيه واتبعه. هذا هو أحكم شيء يمكنك القيام به على الإطلاق!

أسئلة للمناقشة

1. كيف أثر هذا الإصحاح على وجهة نظرك حول قداسة الله؟
2. ما هي التغييرات التي يمكنك إجراؤها في حياتك في ضوء هذه الصفة من صفات الله؟
3. كيف تؤثر هذه الصفة من صفات الله على صلواتك؟
4. كيف تؤثر هذه الصفة من صفات الله على تبشيرك؟

آية كتابية للتأمل والحفظ

رومية 11: 33 – *يا لعمق غنى الحكمة وسعة علمها. معرفة الله! ما أبعد أحكامه عن التحقيق، وما أبعد طرقه عن التتبع!*

الصلاة

يا أبتي، أنت الإله الحكيم. بحكمتك خلقت كل شيء. لقد خططت لكل خطوة في حياتي من البداية إلى النهاية. كم أنا أحمق لأنني أفكر وأتصرف غالبًا كما لو أن طرقي أفضل من طرقك. احميني من متابعة طرقي الخاصة، يا أبتي. ساعدني على الثقة في حكمتك وطرقك كما تكشفها من خلال الكتاب المقدس، حتى لو قادني ذلك إلى مسارات صعبة. من فضلك ارشدني وساعدني على إرضائك في كل طرقي.

آمين!

الصفة الثامنة: غضب الله

يشير غضب الله إلى كراهيته الأبدية والمقدسة لكل خطيئة، مما يؤدي إلى معاقبته لها.

إن أحد أكثر التعاليم التي تهملها الكنيسة وكثير من المسيحيين المعترفين هي حقيقة غضب الله. وحتى مجرد ذكر هذه الصفة يثير اشمئزاز الكثيرين. وعندما يضطر المرء إلى التعامل مع غضب الله، فإنه يميل إلى القيام بذلك باعتذار، وكأن المرء يقول: "أنا آسف لأن الكتاب المقدس يصف الله بأنه إله الغضب".

إن السبب وراء هذا الموقف السلبي في كثير من الأحيان هو صعوبة التوفيق بين إله المحبة وإله الغضب. فهم يتصارعون مع الفكرة القائلة: "كيف يمكن لإله محب ورحيم أن يكون أيضًا إلهًا معاقبًا؟". إن مثل هذا التفكير يرجع إلى رؤية خاطئة لله تنشأ عن عدم الفهم الصحيح لما يقوله الكتاب المقدس عن صفات الله ككل. عادةً، عندما نستخدم كلمة "غضب"، فإن أول ما يتبادر إلى ذهن الكثيرين هو مجنون يركض بمسدس ويطلق النار على الناس دون تمييز. إنهم يميلون إلى رؤية الله بنفس الطريقة التي ينظرون بها إلى شخص يقتل أو يلحق الأذى بالناس بشكل تعسفي لمجرد أنه فقد أعصابه. لا شيء أبعد عن الحقيقة. على عكس الغضب البشري الخاطئ، فإن غضب الله يتوافق مع طبيعته المقدسة.

إن الله قدوس. والخطيئة - كل أنواع الخطايا - تعارض الطبيعة المقدسة لله. وبعبارة أخرى: إن الخطيئة هي كل ما يتعارض مع طبيعة الله. فكيف يستطيع إله ذو سيادة أن يتسامح مع أي شيء يعارضه ويظل في الوقت نفسه ذا سيادة؟ كلا، بل لابد أن يعاقب الله الخطيئة بما يتفق مع طبيعته المقدسة والبارّة. تخيلوا إلهاً قدوساً لم يكره الخطيئة ولم يزعجه حتى. فهل نستطيع أن نمدحه بالكامل لأنه إله بار دون أي تحفظ؟ في الواقع، لا نستطيع!

لذلك، لا ينبغي لنا أن ننظر إلى غضب الله باعتباره صفة سلبية أو شيئًا يعارض صفاته الأخرى، مثل الحب والرحمة واللطف والخير. فالله هو مجموع كل الكمالات. وبينما يستطيع الله أن يحب بشكل كامل، فإنه يستطيع أيضًا أن يكره بشكل كامل كل ما يعارض ما هو خير - أي الشر. لا يمكن أن يكون الله كاملاً

إذا لم يتعامل مع الخطيئة. ولهذا السبب لا ينبغي أن نندهش من أن الكتاب المقدس يتحدث كثيرًا عن غضب الله. في الواقع، يصف الله نفسه غضبه بعبارات واضحة دون أي خجل أو اعتذار:

> تثنية 32: 39-41 – ليس إله غيري. أنا أُميت وأُحيي، أنا أُجرح وأُشفي، ولا أحد يستطيع أن يُنقذ من يدي. ها أنا أرفع يدي إلى السماء وأقسم: حيٌّ أنا إلى الأبد، ها أنا ذا عندما أُحدِّد سيفي اللامع وتمسكه يدي في القضاء، سأنتقم من أعدائي وأجازي مبغضي.

من يستمتع بكل ما هو نقي وجميل، لابد أن يكره بطبيعته أيضًا كل ما هو غير نقي وقذر. وهذا منطقي تمامًا.

ليس الله هو الوحيد الذي لا يخجل من إعلان غضبه، بل إن الأنبياء في العهد القديم والرسل في العهد الجديد لم يخجلوا أيضًا من التبشير به.

> إشعياء 30: 27 - هوذا اسم الرب يأتي من بعيد بحرقة غضب ودخان كثيف وشفتاه مملوءتان غضبا ولسانه نار آكلة.

> رومية 1: 18 - غضب الله معلن من السماء على كل إثم الناس وشرهم، الذين يحجبون الحق بشرهم.

إن الله لا يخجل من وصف غضبه. ولم يخجل الأنبياء والرسل من غضبه. ولا ينبغي لنا أن نخجل منه أيضًا! فبمعاقبة الشر، يمارس الله العدل. ويُظهِر أنه إله عادل. وينطبق الأمر نفسه أيضًا على الكراهية. فنحن نميل إلى رؤية الكراهية كشيء سيئ، ولكن في الحقيقة، يكره الله أشياء كثيرة. فلا يمكنك أن تحب شيئًا دون أن تكره نقيضه. لذا، إذا كنت تحب الحقيقة، فلا بد أن تكره الكذب. وإذا كنت لا تكره الكذب، فأنت لا تحب الحقيقة حقًا. وإذا كنت تحب الحرية، فلا بد أن تكره العبودية. لذا، إذا كان الله يحبنا، فلا بد أن يكره ما من شأنه أن يدمرنا.

إننا نحمد المحاكم البشرية عندما تمارس العدالة ضد أولئك الذين ارتكبوا أعمالاً شريرة. فكم بالحري يجب أن نحمد الله القدوس الذي ينفذ في غضبه العدالة الكاملة ضد فاعلي الشر؟ إن الكتاب المقدس يشهد بأننا سنفرح عندما ينفذ الله غضبه بالكامل في المستقبل ضد كل أعدائه وهو مفهوم قد يكون من الصعب فهمه قليلاً في الوقت الحاضر لأننا ما زلنا في الجسد.

تثنية 32: 43 - افرحوا أيها الأمم مع شعبه، لأنه ينتقم لدماء عبيده، وينتقم من أعدائه، ويكفر عن أرضه وشعبه.

رؤيا 19: 1-3 - وبعد هذا سمعت صوتا يشبه هدير جمع كثير في السماء يصرخون: هللويا! الخلاص والمجد والقوة لإلهنا، لأن أحكامه حق وعادلة. لقد دان الزانية العظيمة التي أفسدت الأرض بزناها. وانتقم منها لدم عبيده. ثم صرخوا أيضا: هللويا! يصعد دخانها إلى أبد الآبدين.

نتعلم من هذه الآيات هذه الحقيقة: كما نشكر الله ونحمده على إظهار رحمته ومحبته، ينبغي لنا أيضًا أن نشكره ونحمده على إظهار غضبه.

بالنسبة لكتاب الكتاب المقدس، لم يبدأ الإنجيل بـ "الله محبة". بل بدأ بكون الله بارًا وقدوسًا وأننا جميعًا لم نصل إلى مستوى قدسيته. نحن لسنا على حق مع الله وبالتالي نحتاج إلى أن نكون على حق معه. كانت هذه نقطة البداية في تبشيرهم بالإنجيل، والتي يجب أن تكون أيضًا نقطة انطلاقنا. لذلك، بدلاً من الشعور بالقلق إزاء فكرة غضب الله، آمل أن نسعى جاهدين لإعلان هذه الصفة من صفات الله دون خجل تمامًا كما نفعل مع الصفات الأخرى.

فما هي إذن دلالات الحقائق المتعلقة بغضب الله؟

أربعة آثار على المسيحيين

1. لم يعد علينا أن نخاف من غضب الله

رغم أننا كنا (في زمن الماضي) أبناء الغضب أفسس 2: 3، فنحن الآن أبناء الله ووارثون مع المسيح رومية 8: 16-17. ووعدنا في 1 تسالونيكي 1: 10ب أن "يسوع... ينقذنا من الغضب الآتي".

إن غير المؤمنين لا يحبون موضوع غضب الله لأنهم في أعماقهم يعرفون أنهم مذنبون. إن أملهم الوحيد هو في برهم الذاتي وأن أعمالهم الصالحة ستقودهم إلى السماء. إن الاعتماد على جهودهم الذاتية ليس رجاءً قوياً. ولكننا كمؤمنين لا نعتمد على برنا. بل نعتمد على بر المسيح وحده، الذي يفي تماماً

بمعايير الله المقدسة. ولهذا السبب لدينا رجاء راسخ لا يتزعزع بأننا آمنون في المسيح وبالتالي لم نعد نخاف غضب الله.

2. سنشكر الله أكثر

إن إدراكنا أننا لن نتعرض لغضب الله سيجعلنا نشكر الله أكثر. فعندما ندرك أن مستقبلنا الأبدي مضمون للغاية ليس بسبب ما فعلناه بل بسبب ما فعله الله من خلال يسوع من أجلنا، فسوف نزداد في الشكر باستمرار مزمور 116: 12-13.

3. سنخاف الله أكثر وبالتالي سنكره الخطيئة أكثر

في حين أن المسيحي الحقيقي لن يختبر غضب الله بمعنى فقدان الخلاص، إلا أن المؤمن قد يتوقع أحيانًا تأديبًا شديدًا عندما تكون هناك خطيئة غير تائبة 1 كورنثوس 11: 28-32. إن التأمل المستمر في غضب الله يمكّن المؤمن من أخذ الخطيئة على محمل الجد، وعدم إيجاد الأعذار للحياة الخاطئة، وبالتالي كراهية الخطيئة أكثر. إن العيش في حياة تخاف الرب بالمعنى العملي يعني كراهية الخطيئة أكثر، كما يعلن سفر الأمثال 8: 13، "مخافة الرب هي كراهية الشر. أكره الكبرياء والغرور والسلوك الشرير والكلام الملتوي".

4. سنحث الناس على الفرار من غضب الله

لقد حث يوحنا المعمدان الناس على الهروب من غضب الله بالتوبة عن خطاياهم متى 3: 7. وتحدث يسوع عن الجحيم أكثر من أي شخص آخر ودعانا إلى خوف الله بالتوجه إليه متى 10: 28. وحذر بولس الناس من التوجه إلى المسيح لأنه فهم غضب الله 2 كورنثوس 5: 11.

إن الوعظ عن الجحيم ليس عملاً غير محب. بل على العكس من ذلك، فهو أمر محب للغاية بغض النظر عما يقوله العالم! إذا كنا نؤمن بالجحيم، فإننا نؤمن به. إننا إذا أحببنا أحداً، فكيف لا نخبره بالخطر الأبدي الذي ينتظره إذا استمر في العيش بدون المسيح؟ إن مفتاح هذا الأمر لا يكمن فقط في الوعظ بغضب الله، بل وأيضاً في إعلان الغفران الذي يقدمه من خلال ذبيحة المسيح على الصليب مزمور 130: 3؛ رومية 3: 25-26.

تأثيران على غير المسيحيين

1. غضب الله في الماضي والحاضر يضمن الغضب في المستقبل

في الماضي. إن طرد آدم وحواء من جنة عدن تكوين 3، وتدمير كل شيء على هذه الأرض، باستثناء ما في سفينة نوح بواسطة الطوفان العالمي تكوين 7: 23، وتدمير سدوم وعمورة تكوين 19، وتدمير القدس من قبل روما في عام 70 م ليست سوى أمثلة قليلة تاريخية مثبتة لغضب الله ضد أولئك الذين رفضوه.

في الحاضر. يقول يوحنا 3: 36ب، "كل من يرفض الابن لن يرى حياة، لأن غضب الله يمكث عليه". أولئك البعيدون عن يسوع هم الآن تحت غضب الله. تقول رسالة رومية 1: 18، "غضب الله معلن من السماء على كل فجور الناس وإثمهم، الذين يحجبون الحق بإثمهم". في الوقت الحاضر، يتجلى هذا الغضب

69

من خلال تخلي الله عن الخطاة لطرقهم الخاصة حتى يتمكنوا من جني العواقب بينما يستمرون في الشر رومية 1: 24-32.

في المستقبل . نقرأ في 2 تسالونيكي 1: 7ب-9، "سيحدث هذا عندما يظهر الرب يسوع من السماء في نار ملتهبة مع ملائكته الأقوياء. سيعاقب أولئك الذين لا يعرفون الله ولا يطيعون إنجيل ربنا يسوع. سيعاقبون بالهلاك الأبدي والاستبعاد من حضور الرب ومن مجد قوته ". تصف رؤيا 6-20 بمزيد من التفصيل مستقبل الله والغضب النهائي الذي سيسكب على أولئك الذين يرفضون طاعة إنجيل الرب يسوع المسيح.

تعلمنا الكتاب المقدس أن الله لا يكذب تيطس 1: 2. ولأن الله وعد بدينونة كل من يرفض المسيح، فإنه سيفي بوعده. ولأن الله لا يحكم على كل عمل شرير على الفور، فلا ينبغي أن نخدع أنفسنا ونعتقد أنه لن يحكم على الخطيئة أبدًا جامعة 8: 11-14.

هناك قصة عن مزارع غير متدين عاش في مجتمع من المزارعين المتدينين. عندما كان المزارعون المتدينون يجتمعون في كنيسة ريفية كل صباح أحد، كان هذا الرجل يقود جراره لإحداث اضطراب. لقد فعل هذا لعدة أشهر. أخيرًا، عندما جاء وقت الحصاد في أكتوبر، كانت أرضه تحقق أعلى محصول لكل فدان في ذلك المجتمع. بفخر، كتب إلى الصحيفة المحلية عن كيف يمكن للمسيحيين أن يفسروا نجاحه عندما فعل هذا ضد الله وشعبه.

فأجاب القس بجملة واحدة: " إن الله لا يسوي كل حساباته في أكتوبر".

صديقي العزيز، إذا لم تكن مسيحياً، فلا تظن أن الله يجب أن يكون راضياً عنك لأن كل شيء على ما يرام اليوم. لا تخطئ في فهم صبره على أنه موافق على خطيئتك. لا ينبغي إساءة استخدام صلاحه، بل إنه مصمم ليقودك إلى التوبة الحقيقية والإيمان بابنه رومية 2: 4-5.

2. غضب الله المستقبلي يجب أن يجعلك تركض إلى يسوع

يقول الكتاب المقدس: "مخيف الوقوع في يدي الله الحي" عبرانيين 10: 31. يرجى إدراك أن خطاياك جعلتك عدوًا لله. ونتيجة لذلك، فإن غضبه يقع عليك في الحاضر وينتظرك في المستقبل. يرجى الصراخ من أجل الرحمة. يجب

أن ترغب في "الهرب من الغضب القادم" متى 3: 7 والركض إلى الصليب حيث أخذ يسوع المسيح غضب الله على نفسه حتى يتمكن من العفو عن خطاياك بحرية. تحتاج إلى التخلص من كل الثقة بالنفس والصراخ بتواضع، "اللهم ارحمني أنا الخاطئ!" لوقا 18: 13. هذه هي الطريقة الوحيدة التي يمكنك بها الخلاص من الغضب القادم.

صديقي العزيز، لا شيء يضاهي لطف الله وصبره. ولكن لا شيء أكثر فظاعة من غضبه القادم. فالماء الذي يروي عطشك قد يكون عدوك اللعين عندما يأتي في هيئة طوفان. والنار التي تطهو طعامك قد تكون عدوك اللعين عندما تحرقك. وعلى نحو مماثل، فإن نفس الإله الذي يتحلى بالصبر واللطف معك اليوم سوف ينقلب عليك ذات يوم في انتقام رهيب. فلا أحد يستطيع أن ينقذك من يده في ذلك اليوم. ولن يخلصك أي قدر من البكاء أو التوسلات. انظر إلى يسوع الذي مات على الصليب من أجل الخطايا وقام ليثبت أن ذبيحته قد قُبلت كدفعة كاملة عن الخطايا. ومن خلال يسوع، هناك غفران كامل.

لذا، اتجه إليه بتوبة وإيمان حقيقيين الآن، بينما لا يزال هناك وقت! سيقبلك مهما كانت خطاياك ويمنحك بداية جديدة! لا تمت في خطاياك. من فضلك تقبل عطية الله المجانية للحياة الأبدية من خلال يسوع المسيح رومية 6: 23!

أسئلة للمناقشة

- كيف أثر هذا الإصحاح على وجهة نظرك حول قداسة الله؟

- ما هي التغييرات التي يمكنك إجراؤها في حياتك في ضوء هذه الصفة من صفات الله؟

- كيف تؤثر هذه الصفة من صفات الله على صلواتك؟

- كيف تؤثر هذه الصفة من صفات الله على تبشيرك؟

آية كتابية للتأمل والحفظ

المزمور 7: 11 – الله قاض عادل، وهو إله يظهر غضبه كل يوم.

الصلاة

يا أبتي، كثيراً ما أنسى أنك رغم كونك أبي السماوي، إلا أنك أيضاً إله الغضب. أنت تكره الخطيئة وستدينها. أنا ممتن لأن الرب يسوع امتص كل الغضب الذي أستحقه. أرجوك أن تجعلني أسير بخوف ورعدة تحميني من الاستخفاف بالخطيئة. ليجعلني غضبك ضد كل من يتمرد عليك أتوسل إلى الضالين من حولي أن يهربوا إلى يسوع، الذي وحده يستطيع أن ينقذنا من دينونتك القادمة. احميني من التهرب من الحديث عن غضبك عند تقديم الإنجيل للناس، بل أن أكرز به في محبة وبإحساس بالجدية العظيمة. آمين!

الصفة التاسعة: أمانة الله

أمانة الله تعني أنه يمكن
الوثوق به في تحقيق كل وعوده.

كتب سليمان في سفر الأمثال 20: 6، "كثيرون يدعون المحبة، أما الأمين فمن يجده؟" نحن نعيش في عالم يثبت صدق هذا المثل. فالصداقات والزواج والمعاملات التجارية تنهار بسبب خيانة البشر. ربما شعرت أنت أيضًا بالألم العميق لنخيانة من نفس الأفراد الذين وعدوا بالوفاء حتى النهاية.

في ظلام مثل هذه الحقائق، فإن هذه الصفة من صفات الله - أمانته - تجلب راحة كبيرة للنفس المتألمة. يعلن الكتاب المقدس أمانة الله في وقت مبكر جدًا في سفر التثنية 7: 9، "فاعلم إذن أن الرب إلهك هو الله. هو الإله الأمين، حافظ عهده ورحمته إلى ألف جيل من محبيه وحافظي وصاياه". نقرأ لاحقًا في سفر التثنية 32: 4، "هو الصخرة، أعماله كاملة، وكل طرقه عادلة. إله أمين لا يفعل ظلمًا، بار وعادل هو".

على عكس البشر الساقطين الذين يتزعزع أمانتهم غالبًا، فإن الله لا يتزعزع أبدًا في أمانته. ذكّرنا موسى في سفر العدد 23: 19، "ليس الله إنسانًا فيكذب، وليس إنسانًا فيندم. هل يتكلم ولا يعمل؟ هل يعد ولا يفي؟" كتب صاحب المزمور إيثان الإزراحي في سفر المزامير 89: 8، "من مثلك يا رب إله القادر على كل شيء؟ أنت يا رب قدير وأمانتك تحيط بك". ذكّرنا بولس في تيطس 1: 2 أن "الله لا يمكن أن يكذب". قال كاتب العبرانيين، "لا يمكن أن يكذب الله" عبرانيين 6: 18. ذكّرنا أجور أن "كل كلمة من الله بلا عيب" أمثال 30: 5. كل هذه الآيات تعلمنا أنه يمكن الاعتماد على الله تمامًا للوفاء بوعوده. لن يخون أبدًا أولئك الذين يثقون به بكل قلبهم مزمور 34: 22.

لقد قال واين جرودم بحق: "إن جوهر الإيمان الحقيقي هو أن نأخذ الله على محمل الجد ونعتمد عليه في تنفيذ وعده".[9] ولأن الله أمين في تحقيق كل وعوده، يستطيع المؤمن أن يقول بثقة أنه بسبب محبة الرب العظيمة، فإننا لم

---

[9] علم اللاهوت النظامي ، ص 195

ننهك، لأن رحمته لا تفشل أبدًا. إنها جديدة كل صباح؛ وأمانته عظيمة. ويمكننا أيضًا أن نقول لأنفسنا: "الرب نصيبي ؛ لذلك أنتظره" مراثي 3: 22-24.

الكتاب المقدس مليء بالأمثلة التي تثبت أمانة الله في الوفاء بوعوده. دعونا نلقي نظرة على بعض الأمثلة.

- وعد الله نوحًا، كما هو مسجل في سفر التكوين 8: 22، "كل أيام الأرض، زرع وحصاد، برد وحر، صيف وشتاء، نهار وليل لا تنتهي أبدًا". سنة بعد سنة، نرى هذا يتحقق.

- في سفر التكوين 15: 13-16، تنبأ الله لإبراهيم بالعبودية التي سيخضع لها اليهود لمدة 400 عام بوعده بخلاصه. ويسجل سفر الخروج 12: 41 تحقيق هذا الخلاص: "وفي نهاية الأربعمائة والثلاثين سنة، إلى ذلك اليوم عينه، خرجت كل فرق الرب من مصر".

- في إشعياء 7: 14 نجد النبوة المتعلقة بميلاد يسوع المسيح من عذراء، "ولكن يعطيكم الرب نفسه آية: ها العذراء تحبل وتلد ابناً وتدعو اسمه عمانوئيل". ويسجل متى 1: 22-25 تحقيق هذه النبوة.

يمكن الاستشهاد بمزيد من الأمثلة بالإضافة إلى الأمثلة الثلاثة المذكورة أعلاه. لكن النقطة واضحة كما تنص رسالة العبرانيين 10: 23، "الذي وعد هو أمين". وسيركز بقية هذا الفصل على جانبين من أمانة الله:

1. في حياة أبنائه.
2. في حياة أعدائه.

1. أمانة الله: في حياة أبنائه

في حفظهم. قيل لنا في 1 كورنثوس 1: 8-9، "وهو سيحفظكم ثابتين إلى النهاية حتى تكونوا بلا لوم في يوم ربنا يسوع المسيح. أمين هو الله الذي دعاكم إلى شركة ابنه يسوع المسيح ربنا". بالمعنى النهائي، فإن حفظ خلاصنا يرتكز على أمانة الله. تكلم يسوع بهذه الكلمات الثمينة فيما يتعلق بأمانة خلاصنا، "خرافي تسمع صوتي. أنا أعرفها فتتبعني. أنا أعطيها حياة أبدية ولن تهلك إلى الأبد. لا يخطفها أحد من يدي" يوحنا 10: 27-28.

بالإضافة إلى ذلك، صلى يسوع أيضًا من أجل حفظنا في صلاته كرئيس كهنة: "أيها الآب القدوس، احفظهم بقوة اسمك، الاسم الذي أعطيتني، ليكونوا واحدًا كما نحن واحد" يوحنا 17: 11.

في تأديبهم. لا يتجلى أمانة الله في حفظنا فحسب، بل يتجلى أيضًا في تأديبه لنا. عبرانيين 12: 4-11 هو مقطع يشجعنا على التحمل بينما نمر بعملية تأديب الله. يقول الكاتب أن تأديب الله (أو تدريبه) لنا هو دليل إيجابي على أننا أبناؤه الحقيقيون، والله الأمين يفعل ذلك من أجل جعلنا نشبه ابنه أكثر. فيما يلي أجزاء من هذا المقطع تسلط الضوء على هذه الحقيقة:

> عبرانيين 12: 7-8، 10ب-11 – تحملوا المشقة كنوع من التأديب، فالله يعاملكم كأولاده. فمن هم الأبناء الذين لا يؤدبهم والدهم؟ إن لم تؤدبوا - وكل إنسان يخضع للتأديب - فأنتم لستم أبناء شرعيين، ولا أبناء حقيقيين على الإطلاق... فالله يؤدبنا من أجل خيرنا، لكي نشترك في قداسته. لا يبدو أي تأديب ساراً في وقته، بل مؤلماً. ولكن فيما بعد، ينتج حصاداً من البر والسلام لأولئك الذين تدربوا به.

لا عجب أن يقول صاحب المزمور، عندما كان يُعاقب، هذه الكلمات: "أَعْلَمُ يَا رَبُّ أَنَّ شَرَائِعَكَ عَادِلَةٌ، وَأَنَّكَ بِالْحَقِّ أَذْلَلْتَنِي" مزمور 119: 75. إن الإله الأمين يفعل ما هو ضروري، حتى وإن كان مؤلمًا، ليجعلنا أكثر قداسة.

في تمجيدهم. لا تظهر أمانة الله في حفظنا وتأديبنا فحسب، بل ستظهر أمانته أيضًا في تمجيدنا النهائي، حيث سنصبح مثل يسوع. لقد وعدنا في رومية 8: 30، "والذين سبق فعينهم، دعاهم أيضًا. والذين دعاهم، بررهم أيضًا. والذين بررهم، مجدهم أيضًا". لاحظ أن عبارة "مجدهم أيضًا" تظهر في زمن الماضي على الرغم من أنها لم تحدث بعد. قد تسأل ما الهدف؟ الأمر بسيط. في نظر الله، تمجيدنا أمر منجز. ولهذا السبب هو في زمن الماضي. إلى هذا الحد يمكننا أن نثق في الله الأمين في الوفاء بوعوده. فلا عجب أن يكتب بولس في فيلبي 1: 6 أنه "واثق... أن الذي بدأ عملاً صالحًا... يكمله إلى يوم يسوع المسيح".

إن كل وعودنا بالتمجيد مبنية على أمانة الله كما ورد في 1 تسالونيكي 5: 23-24، "والله نفسه إله السلام يقدسكم بالتمام. ولتحفظ روحكم ونفسكم وجسدكم كاملة بلا لوم عند مجيء ربنا يسوع المسيح. الذي يدعوكم هو أمين

وسيفعل ذلك". إن أمانة الله في تمجيد بولس قادته إلى أن يقول، حتى في خضم معاناته العظيمة، هذه الكلمات الواثقة، "لذلك أنا أعاني كما أنا. ولكن هذا ليس سبباً للخجل ، لأني عالم بمن آمنت وموقن أنه قادر أن يحفظ وديعتي إلى ذلك اليوم" 2 تيموثاوس 1: 12.

لذا، في ضوء هذه المجالات الثلاثة - الحفاظ علينا وتأديبنا وأخيرًا تمجيدنا - نرى أمانة الله تتجلى نحونا، نحن أولاده. يجب أن تجعلنا هذه الحقائق نثق بالله حتى في اللحظات المظلمة ولا نتذمر أو نستسلم أبدًا. يجب أن نستمر في المثابرة في الإيمان وأن نكون أحرارًا من القلق. هذا ما فعله الرجال والنساء المؤمنون الموصوفون في عبرانيين 11. ولم يخيب أملهم. لن نشعر بخيبة الأمل في النهاية أيضًا لأن الله أمين في الوفاء بكل وعوده لنا.

لا يجب علينا أن نستسلم حتى عندما نحارب الخطيئة ونمر بتجارب قاسية. قيل لنا في 1 كورنثوس 10: 13، "لم تصبكم تجربة إلا بشرية. والله أمين، الذي لن يدعكم تجربون فوق ما تستطيعون تحمله. بل إذا جربتم سيجعل لكم أيضا المخرج لكي تحتملوا". عندما قال بولس أن الله "سيجعل لكم مخرجا"، لم يكن يقصد أننا سننجو بالضرورة من التجارب . بل كان يقصد أننا نستطيع أن نثق في هذا الإله الأمين ليعطينا القوة لتحمل التجارب ¾حتى عندما تبدو ساحقة - وعدم الاستسلام للإغراء طالما أننا نستمر في الثقة به. في بعض الأحيان، حتى لو كان ذلك يعني الموت هو النتيجة، فإن الله لا يزال أمينًا لتقويتنا حتى لا ننكره أبدًا حتى النهاية!

دعونا لا ننسى أن هذا الإله الأمين قد وعدنا أيضًا: "لن أتركك أبدًا، ولن أتركك أبدًا" عبرانيين 13: 5. لقد وعد يسوع أن يكون معنا حتى النهاية، "وأنا معكم كل الأيام، إلى انقضاء العالم" متى 28: 20. الثقة هي أن نأخذ الله على محمل الجد ونعتمد عليه ليفعل ما وعد به لأنه إله أمين سيفي بكل وعوده - حتى عندما يبدو الموقف قاتمًا. فعل نبي العهد القديم، حبقوق، نفس الشيء، ونتيجة لذلك، اختبر الفرح في قلبه: "وإن لم تزهر شجرة التين، ولم يكن هناك عنب في الكروم، وإن فشل الزيتون، ولم تنتج الحقول طعامًا، وإن لم تكن هناك غنم في الحظيرة ولا بقر في المذاود، فإني أفرح بالرب، وأبتهج بالله مخلصي" حبقوق 3: 17-18.

عزيزي المسيحي، هل تمر بوقت عصيب؟ هل تجد صعوبة بالغة في اجتياز يوم آخر؟ لا تستسلم. حتى لو بدت الأمور ميؤوسًا منها، مثل حبقوق، ثق في هذا الإله الأمين. فهو سيحملك حتى النهاية. استمر في الإيمان دون أن

تستسلم! لقد وعد في إشعياء 46: 4، "حتى شيخوختك وشيبك أنا هو، أنا هو الذي سيسندك. أنا صنعتك وأحملك، أنا أسندك وأنقذك".

2. أمانة الله: في حياة أعدائه

وكما أن الله أمين في الوفاء بوعوده لأبنائه، فهو أمين بنفس القدر في الوفاء بوعوده في إدانة أولئك الذين يرفضونه وبالتالي يظلون أعداءه. بعبارة أخرى، إنه أمين، كمخلص وقاضٍ. ولا شك أن أحكام الله السابقة تثبت أمانته في إدانة أولئك الذين يتمردون عليه. فقد دان العالم الذي لم يتب في زمن نوح من خلال الطوفان العالمي الذي أهلكهم جميعًا تكوين 6-8. ولم ينجُ شخص واحد باستثناء نوح وعائلته، وهم الوحيدون الذين وجدوا نعمة في نظر الله. وعلى نحو مماثل، دان الله أيضًا غير المؤمنين أثناء رحلة البرية لأنهم فشلوا في الثقة به لإحضارهم إلى الأرض الموعودة عدد 14: 26-34؛ عبرانيين 3: 15-19. وبما أن الله أظهر أمانته في الوفاء بكلمة دينونته في الماضي، فيمكننا أن نكون على يقين من أنه سيكون أمينًا في فعل الشيء نفسه في المستقبل أيضًا!

لقد وعد الله بدينونة مستقبلية بالنار في بحيرة النار أو الجحيم لكل من فشل في التحول عن خطاياه ووضع ثقته في يسوع المسيح. يقول سفر الرؤيا 20: 15، "كل من لم يوجد اسمه مكتوبًا في سفر الحياة، ألقي في بحيرة النار". وهذا سيحدث "عندما يظهر الرب يسوع من السماء في نار متقدة مع ملائكته الأقوياء. سيعاقب أولئك الذين لا يعرفون الله ولا يطيعون إنجيل ربنا يسوع. سيعاقبون بالهلاك الأبدي والاستبعاد من وجه الرب ومن مجد قوته" 2 تسالونيكي 1: 7ب-9.

في ضوء أمانة الله في الوفاء بوعود دينونته، ماذا ينبغي أن يكون رد فعلك إذا لم تكن ابنه وبالتالي عدوه؟

أولاً، اطلب من الله أن يفتح عينيك لترى أنك أخطأت في حقه، خالقك. ثم اعترف له بأنك أخطأت وأنك مذنب بالعقاب. لا تقدم أي أعذار. فقط اعترف صراحةً: "لقد أخطأت في حقك. أنا مذنب يا رب". أخبره أنك آسف على خطاياك وتريد أن تبتعد عن أسلوب الحياة الخاطئ. هذا ما يسميه الكتاب المقدس "التوبة". لكن هذا ليس كافياً. أخيرًا، بالإيمان، تحتاج إلى قبول المغفرة التي يقدمها الله من خلال يسوع المسيح، معتقدًا أن يسوع دفع الثمن

الكامل للخطايا من خلال عيش حياة كاملة، وموته على الصليب، وقيامته مرة أخرى. بهذه الطريقة يمكنك أن تخلص من خطاياك ومن غضب الله. وبهذه الطريقة أيضًا تصبح ابنًا له يوحنا 1: 12.

يعدنا الكتاب المقدس بأن "كل من يدعو باسم الرب يخلص" رومية 10: 13. ادعه. تقبل يسوع ربًا ومخلصًا لك. اتبع توبتك وإيمانك بالشهادة علنًا في مياه المعمودية بالتغطيس أعمال الرسل 8: 36-38. المعمودية هي الخطوة الأولى في الطاعة بعد أن تصبح ابنًا لله أعمال الرسل 2: 41.

يدعو يسوع كل من تثقله خطاياه وذنبه أن يأتي إليه: "تعالوا إليّ يا جميع المتعبين والثقيلي الأحمال وأنا أريحكم" متى 11: 28. وبالنسبة لأولئك الراغبين في المجيء، يقدم هذا الوعد: من يأتي إليّ فلن أخرجه أبدًا يوحنا 6: 37ب. يسوع أمين في الوفاء بوعوده. يمكن الوثوق به. تعال واختبر غفرانه. لا تدع أي شيء أو أي شخص يمنعك من المجيء إلى المسيح. تكلفة الابتعاد عن يسوع أعلى بكثير من تكلفة المجيء إلى يسوع. لا بأس إذا كان عليك التخلي عن كل شيء ¾حتى حياتك ¾إذا كان ذلك يجعلك متحدًا مع يسوع. في النهاية، ستجد يسوع ـ الكنز الحقيقي والدائم أكثر من كل ما تخليت عنه.

أرجوك يا صديقي أن تفهم أن هذا الإله الأمين هو إله غفور أيضاً. دع خطاياك تغسل بدم ابنه يسوع. أناشدك بقلب صادق. تعال إلى يسوع. قابله كمخلص وليس كقاض. اهرب من الدينونة القادمة. بغض النظر عن مقدار خطاياك وأخطائك، يمكنك أن تجد السلام الحقيقي والراحة في يسوع. وبعد أن تأتي إلى يسوع، يمكنك أنت أيضاً، مع أبناء الله الآخرين، أن تقول مثل داود: "يا رب محبتك إلى السماء، وأمانتك إلى السماء" مزمور 36: 5.

أسئلة للمناقشة

1. كيف أثر هذا الإصحاح على وجهة نظرك حول قداسة الله؟
2. ما هي التغييرات التي يمكنك إجراؤها في حياتك في ضوء هذه الصفة من صفات الله؟
3. كيف تؤثر هذه الصفة من صفات الله على صلواتك؟
4. كيف تؤثر هذه الصفة من صفات الله على تبشيرك؟

آية كتابية للتأمل والحفظ

مزمور 89: 8 – *من مثلك يا رب إله الجنود؟ أنت قوي يا رب وحقك يحيط بك.*

الصلاة

يا إلهي الكريم وأبيك المحب، في عالم حيث يكسر الناس وعودهم بلا مبالاة، أحمدك لأنك إله أمين في الوفاء بكل وعوده. حتى عندما أسير في وادٍ مظلم، ساعدني على تذكر أمانتك. لقد وعدت أن تكون معي في كل الأوقات. بالإيمان، ساعدني على تصديق كلمتك، حتى عندما أشعر أنك غائب. قوِّ قلبي لأثق في أنك أنت الذي بدأت عملاً صالحًا فيّ ستكمله يومًا ما. وحرك قلبي لتقليدك في الوفاء بوعودي للآخرين. من فضلك ساعدني على أن أكون مخلصًا. آمين!

الصفة العاشرة: سيادة الله

إن سيادة الله تشير إلى سيطرته الكاملة على كل أحداث الحياة، بما في ذلك الأسباب المعروفة لديه، وتلك الأفعال التي تتحدى إرادته المعلنة كما هي موجودة في الكتاب المقدس.

القصة التالية هي مثال رائع لكيفية تفكير المسيحي عندما يتعلق الأمر بسيادة الله:

في عام 1902 نزل صبي إنجليزي صغير لتناول الإفطار فوجد والده يقرأ الصحيفة التي حملت أخبار الاستعدادات لأول تتويج في بريطانيا منذ 64 عامًا. وفي منتصف الإفطار التفت الأب إلى زوجته وقال: "آه، أنا آسف لرؤية الأمر مكتوبًا بهذه الطريقة."

قالت: ما هو؟

"أجاب، "هذا إعلان بأنه في تاريخ معين سيتم تتويج الأمير إدوارد ملكًا في وستمنستر، وليس هناك إله مختار، إن شاء الله".

ظلت هذه الكلمات عالقة في ذهن الصبي الصغير لسبب واحد وهو أن إدوارد السابع كان مريضاً بالتهاب الزائدة الدودية في الموعد المحدد، وكان لزاماً تأجيل التتويج. في ذلك الوقت، وفي نهاية عهد الملكة فيكتوريا، كانت القوة السياسية والاقتصادية والعسكرية للإمبراطورية البريطانية في أوجها.

ولكن على الرغم من قوتها الهائلة، لم تتمكن بريطانيا العظمى من تنفيذ مخططها لتتويجها في الموعد المحدد. فهل كان حذف عبارة "إن شاء الله "من الإعلان وتأجيل التتويج بعد ذلك مجرد مصادفة، حدثين لا علاقة بينهما؟ أم أن الله هو الذي جعل الأمير إدوارد يعاني من التهاب الزائدة الدودية ليظهر أنه "يسيطر على الأمور"؟

إننا لا نعلم لماذا حدث هذا الموقف. ولكن هناك أمر واحد نعلمه: سواء اعترفنا بذلك بملء إرادتنا أم لا، فإننا لا نستطيع أن ننفذ أي خطة بمعزل عن إرادة الله. والكتاب المقدس لا يترك مجالاً للشك في هذه الحقيقة... إن الله هو المسيطر؛ فهو صاحب السيادة. فهو يفعل ما يشاء ويحدد ما إذا كنا قادرين على تنفيذ ما خططنا له. وهذا هو جوهر سيادة الله؛ استقلاله المطلق في أن يفعل ما يشاء وسيطرته المطلقة على تصرفات كل مخلوقاته. فلا يستطيع أي مخلوق أو شخص أو إمبراطورية أن يحبط إرادته أو أن يتصرف خارج حدود إرادته. [10]

لقد قال آرثر بينك بحق" :عندما نقول إن الله هو صاحب السيادة فإننا نؤكد حقه في حكم الكون الذي صنعه لمجده الخاص كما يشاء. ونؤكد أن حقه هو حق الخزاف على الطين... ونؤكد أنه لا يخضع لأي حكم أو قانون خارج إرادته وطبيعته، وأن الله هو قانون لنفسه، وأنه ليس ملزماً بتقديم حساب عن أموره لأي شخص ." [11] م، إن الله في الواقع يتحكم بشكل كامل في كل أحداث الحياة، بما في ذلك الأسباب التي يعرفها هو وحده وتلك الأفعال التي تتحدى إرادته المعلنة. وفي حكمته العظيمة، يستخدم حتى الأفعال الشريرة للبشر والشيطان لتحقيق مقاصده الصالحة.

فيما يلي بعض الآيات الكتابية التي تعلمنا عن سيادة الله.

تكوين50-20 لقد قصدتم أن تؤذوني، ولكن الله قصد بذلك خيرًا لكي يتم ما يتم الآن، وهو إنقاذ أرواح كثيرة.

اشعياء :10-9 46اذكروا الأمور الأولى، الأمور القديمة، أنا الله وليس آخر، أنا الله وليس مثلي، أنا أعلم النهاية منذ البدء، منذ العصور القديمة، ما هو آتٍ، أقول: قصدي سيبقى، وسأفعل كل ما أريد.

أيوب 2 :42 -أعلم أنك قادر على كل شيء، ولا يمكن إحباط أي هدف من أهدافك.

---

[10] جيري بريدجز، الثقة في الله: حتى عندما تؤلمنا الحياة ،)ص (36-35نافبريس. طبعة كيندل.
[11] سيادة الله ،)موني: إيل، (2023ص .18

المزمور 3 : 115- إلهنا في السماء، يفعل كل ما يشاء.

الأمثال21 : 19– كثيرة هي الأفكار التي تدور في قلب الإنسان، لكن قصد الرب هو السائد.

الأمثال -30 : 21لا حكمة ولا بصيرة ولا خطة يمكن أن تنجح ضد الرب .

مراثي - 31 : 3من يتكلم ويحدث إذا لم يقرر الرب ذلك؟

لقد أخبرنا بولس أن الله "يعمل كل شيء حسب قصد مشيئته11 : 1 أفسس ". هذه هي السيادة باختصار: الله يعمل كل شيء وفقًا لإرادته ورضاه. الله ليس أبدًا مؤلف الخطيئة 13 : 1 يعقوب ;13 ; 1 حبقوق. ومع ذلك، وفقًا لسيادته، فإنه يستخدم حتى الشر الذي يحدث لتحقيق أغراضه الصالحة والمجيدة في النهاية تكوين20 : 50 دون المساومة على طبيعته المقدسة. كيف يتمكن من القيام بذلك هو لغز لا يمكن لعقولنا المحدودة أن تفهمه تمامًا.

فيما يلي بعض الآيات الكتابية التي تدعم الحقيقة التي تقول أن الله دائمًا هو المسيطر حتى عندما يحدث الشر.

خروج 11 : 4 -فقال له الرب - موسى - من أعطى الإنسان فمه؟ من جعله أصمًا أو أبكمًا؟ من أعطاه البصر أو جعله أعمى؟ أليس أنا الرب ؟

تثنية39 : 32 -انظر الآن أنا هو، ليس إله غيري، أنا أُميت وأُحيي، أنا أجرح وأُشفي، وليس أحد يستطيع أن يُنقذ من يدي.

أيوب10 : 2 – أنت تتكلمين كامرأة جاهلة، هل نقبل الخير من الله ولا نقبل الشر؟ في كل هذا لم يخطئ أيوب في كلامه.[12]

إشعياء7 : 45 -أنا أشكل النور وأخلق الظلمة، وأجلب الرخاء وأخلق الكارثة؛ أنا الرب أفعل كل هذه الأشياء.

---

[12] ردّ أيوب على زوجته التي قالت له" :ألعن الله وأموت "أيوب .9 :2

مراثي3 :38-37 -من يتكلم فيحدث ما لم يأمر به الرب ؟ أليس من فم العلي تأتي المصائب والخيرات؟

ومن المثير للاهتمام أيضًا أن نلاحظ أن إليشع، الذي استخدمه الله لشفاء الآخرين، [13]مات بسبب مرض.

الملوك الثاني14 : 13 – وكان اليشع مريضا بمرضه الذي مات به، فنزل يوآش ملك إسرائيل ليراه وبكى عليه، وقال: «يا أبي، يا أبي، مركبات وفرسان إسرائيل».

ومن ثم، يمكننا أن نرى بوضوح من خلال النصوص المذكورة أعلاه أن الله هو صاحب السيادة على كل الأمور سواء كانت خيراً أو شراً.

فما هي إذن بعض الدلالات العملية لسيادة الله؟ فيما يلي أربعة منها:

1. إنه يكرم الله باعتباره الكائن الأسمى في الكون

وبعبارة أخرى، فإن هذه الصفة تعترف بأن الله هو الله !وتعترف بحقه في الحكم كملك على كل شيء. وتذكرنا بأنه الخالق ونحن المخلوقون. الله لا يحتاج إلينا. ومن ناحية أخرى، نحن بحاجة إليه في نفس اللحظة!

يقول لنا الله من خلال النبي إشعياء" :أنا الرب ، هذا اسمي. لا أعطي مجدي لآخر ولا تسبيحي للأصنام "إشعياء8 : 42 . من خلال الاعتراف بسيادة الله المطلقة، فإننا نعطيه المجد الكامل. بعد كل شيء، نحن مخلوقون لمجد الله : "كل من دُعي باسمي، من أجل مجدي خلقته، من جبلته وصنعته "إشعياء 43 : 7 !لذا، فلنمنح الله مكانه الصحيح باعتباره الكائن الأسمى في الكون من خلال الاعتراف بسيادته على كل الأشياء!

---

[13] مثلًا، ابن الشونمية في الملوك الثاني 37-18 :4، ونعمان في الملوك الثاني .5

2. إنه يذلنا

بما أن الله يسعى دائمًا إلى قلب متواضع، فما الذي قد يكون أكثر إذلالًا من الاعتراف المستمر بأن "الله هو المسؤول عن كل شيء، ونحن لسنا كذلك "! هذه الحقيقة تمجد الله على ما هو عليه وما فعله من أجلنا!

لقد تعلم نبوخذ نصر، أحد أقوى الملوك الذين حكموا العالم على الإطلاق، بالطريقة الصعبة كيف أن الله السيادي يذل كبرياء الإنسان. لقد خدع كبرياؤه قلبه عندما تباهى بإنجازاته وفشل في إعطاء المجد لله" :أليس هذا هو بابل العظيمة التي بنيتها بيتًا للملك بقدرتي العظيمة ولجلال مجدي؟ "دانيال : 4 30. لاحظ كيف أن الله أنزل به دينونة عندما ذكره أنه هو وليس مجرد إنسان هو صاحب السيادة على كل الأشياء" .وحتى عندما كانت الكلمات على شفتيه، جاء صوت من السماء ":هذا ما قُدِّر لك يا الملك نبوخذ نصر: قد نُزِعَت ملكيتك منك. ستُطرد من بين الناس وستعيش مع الوحوش؛ ستأكل العشب كالثيران" .ستمضي عليك سبعة أزمنة حتى تعلم أن العلي متسلط على كل ممالك الأرض، وأنه يعطيها من يشاء "دانيال32-31 : 4 .

وبعد أن تواضع نبوخذنصر، اعترف أخيراً بأن الله هو صاحب السيادة على كل شيء" :وفي نهاية ذلك الزمان، أنا نبوخذنصر، رفعت عيني نحو السماء، فرجعت إلى عقلي. ثم سبحتُ العلي، وكرمتُ ومجدتُ الحي إلى الأبد. سلطانه سلطان أبدي، وملكوته إلى جيل فجيل. كل شعوب الأرض لا شيء. يفعل ما يشاء بقوى السماء وشعوب الأرض. لا يستطيع أحد أن يمسك يده أو يقول له: ماذا فعلت؟... الآن أنا نبوخذنصر، أسبح وأرفع وأمجد ملك السماء، لأن كل ما يفعله حق وكل طرقه عادلة. ومن يسلك بالكبرياء فهو قادر على إذلاله "دانيال35-34 : 4 ، 37.

كلما اعتنقنا عقيدة سيادة الله، كلما زاد نمونا في التواضع.

3. إنه يجلب راحة كبيرة خلال أوقات المحنة الشديدة

لقد اختار الرب السيّد الكوني، الذي يتحكم في كل شيء، أن يُظهر لنا حبه ورحمته. ماذا فعلنا لنستحق مثل هذا الحب؟ لا شيء !وإذا كان الله يحبنا على

الرغم من خطايانا العظيمة وجعلنا أبناءه، فلماذا نستسلم للخوف عندما نمر بالتجارب -حتى عندما تكون هذه التجارب شديدة؟

كان يوسف يتمتع بثقة كبيرة في سيادة الله. ولهذا السبب، على الرغم من مروره بأوقات عصيبة للغاية، كان لا يزال قادرًا على قول هذه الكلمات لإخوته: "أنتم قصدتم لي شرًا، أما الله فقصد به خيرًا لكي يتم ما هو الآن ليحيي أنفسًا كثيرة "تكوين50-20. كان يعلم أن الله يتحكم في كل ظروف حياته، وبالتالي لم يستسلم لليأس حتى عندما ساءت الأمور بالنسبة له.

كتب جيري بريدجز:

إن الله هو المسيطر، ولكن في ظل سيطرته يسمح لنا بتجربة الألم. والألم حقيقي جدًا. فنحن نتألم ونعاني. ولكن في خضم معاناتنا، يجب أن نؤمن بأن الله هو المسيطر؛ فهو لا يزال صاحب السيادة. وكما كتبت الكاتبة مارغريت كلاركسون بشكل جميل: "إن سيادة الله هي الصخرة الوحيدة المنيعة التي يجب أن يتمسك بها قلب الإنسان المتألم. إن الظروف المحيطة بحياتنا ليست عرضية: قد تكون من عمل الشر، لكن هذا الشر ممسك بقوة في يد إلهنا السيادي القوي ... كل الشر خاضع له، والشر لا يمكن أن يمس أولاده إلا إذا سمح بذلك. الله هو رب التاريخ البشري والتاريخ الشخصي لكل عضو في عائلته المخلصة.

لا تخضع الأفعال الشريرة المتعمدة التي يقوم بها الآخرون لسيطرة الله السيادية فحسب، بل تخضع أيضًا لأخطاء الآخرين وإخفاقاتهم. هل تجاوز سائق آخر إشارة المرور الحمراء، وصدم سيارتك، وأرسلك إلى المستشفى مصابًا بكسور متعددة؟ هل فشل طبيب في اكتشاف السرطان الذي تعاني منه في مراحله المبكرة، عندما كان من الممكن علاجه؟ هل انتهى بك الأمر مع مدرس غير كفء في دورة مهمة جدًا في الكلية أو مشرف غير كفء عرقل حياتك

المهنية في مجال الأعمال؟ كل هذه الظروف تحت سيطرة
إلهنا السيادي، الذي يعمل على حلها في حياتنا لصالحنا. [14]

إن الإيمان بسيادة الله يجب أن يتضمن فكرة أن هذه المحنة التي أمر بها الآن كان لابد أن تمر عبر يدي المسيح المحب الذي يملك السيطرة الكاملة. وسوف يتمم كل مقاصده من خلال هذه المحنة. إن هذه المعرفة تجلب راحة كبيرة، خاصة عندما تستمر الأشياء من حولنا في الانهيار !فنحن دائمًا في أمان بين أحضان إله محب يتحكم في كل شيء. فلنتذكر ذلك حتى في خضم الأوقات المظلمة.

4. لا يلغي المسؤولية الإنسانية

إن سيادة الله لا تتعارض مع حرية البشر أو مسؤوليتهم ولا تلغيها ـ حتى وإن كانت عقولنا المحدودة غير قادرة على استيعاب هذه الحقيقة بالكامل. إن أفعال البشر لا تحد من قدرة الله، ولا تتعطل مقاصده بجهودنا. إن سيادة الله تشمل كل أفعالنا ـ إلا أن الله ليس مسؤولاً أبداً عن خطايانا. نجد مثالاً جيداً في أعمال الرسل23 : 2 "هذا الإنسان]في إشارة إلى يسوع [سُلِّم إليكم بمشورة الله وعلمه السابق]السيادة الإلهية[، وأنتم، بمساعدة أناس أشرار، قتلتموه مسمرين إياه على الصليب]المسؤولية الإنسانية ."[لقد حاسب الله الأشخاص المسؤولين عن موت ابنه. ومع ذلك، فإن ذهاب يسوع إلى الصليب كان جزءاً من خطته السيادية!

والخلاصة هي أن السيادة الإلهية لا تلغي المسؤولية البشرية، ولا تلغي المسؤولية البشرية السيادة الإلهية. وكلا المذهبين مذكوران في الكتاب المقدس. ولا تستطيع عقولنا المحدودة أن توفق بين هاتين الحقيقتين. ومع ذلك، فإنهما توفقان تمامًا في نظر إله ذي سيادة، لا حدود له، وكلي الحكمة، وطرقه تتجاوز فهمنا.

هذه إذن أربعة تداعيات ينبغي لنا أن نفكر فيها عندما نتعجب ونستسلم لهذه الصفة التي يتمتع بها الله وهو صاحب السيادة على كل الأشياء.

إذا كنت ابنًا لله، فافرح واسترح لأنك بين يدي إله يتحكم في كل حدث في حياتك. ومهما حدث، فسوف تكون قريبًا معه إلى الأبد. وحتى ذلك الحين،

---

[14] التوكل على الله ، ص.40-39

اخضع لحكمه عليك. واتبع حياة تركز على تمجيده في كل الأوقات   سواء كانت جيدة أو سيئة.

إذا لم تكن بعد ابنًا لله، فيرجى أن تفهم أنك لا تستطيع أن تحارب هذا الإله السيادي وتنتصر. لقد أمرك أن تبتعد عن خطاياك وتضع ثقتك في ابنه يسوع المسيح، الذي دفع ثمن الخطايا. حينها فقط يمكن أن تُغفر لك خطاياك وتصبح ابنًا له وتنجو من الدينونة القادمة. لذا، يرجى أن تفعل ذلك اليوم. اختبر السلام والفرح الناتجين عن غسل خطاياك بدم يسوع. لا تتأخر!

أسئلة للمناقشة

- كيف أثر هذا الإصحاح على وجهة نظرك حول قداسة الله؟

- ما هي التغييرات التي يمكنك إجراؤها في حياتك في ضوء هذه الصفة من صفات الله؟

- كيف تؤثر هذه الصفة من صفات الله على صلواتك؟

- كيف تؤثر هذه الصفة من صفات الله على تبشيرك؟

آية كتابية للتأمل والحفظ

المزمور 115:3 – إلهنا في السماء، يفعل كل ما يشاء.

الصلاة

أمر أول ، أنا أتعلق بك؛ أرى، وأؤمن، وأعيش، عندما تتم إرادتك، وليس إرادتي؛ لا أستطيع أن أشكو في نفسي شيئًا فيما يتعلق بأي استحقاق أو نعمة، فيما يتعلق بعنايتك ووعودك، سوى رضاك فقط. إذا جعلتني رحمتك فقيرًا وحقيرًا، فطوبى لك! إن الصلوات التي تنشأ من احتياجاتي هي استعدادات لرحمة مستقبلية؛ ساعدني على تكريمك بالإيمان قبل أن أشعر ، لأن الخطيئة عظيمة إذا جعلت الشعور سببًا للإيمان..." ساعدني على الصلاة بالإيمان، وبالتالي أجد إرادتك، من خلال الاعتماد بشدة على رحمتك الغنية، والإيمان بأنك ستعطي ما وعدت به. قوّني على الصلاة باقتناع بأن كل ما أتلقاه هو هديتك ، حتى أتمكن من الصلاة حتى تستجاب صلاتي... لذلك سأنتظر إرادتك، وأصلي من أجل أن تتم، وبنعمتك أصبح مطيعًا تمامًا. آمين !

88

الصفة الحادية عشر: صبر الله

إن صبر الله يشير إلى قدرته على حجب حكمه، حتى لفترة طويلة. [15]

لقد كشف الله عن نفسه لموسى، وأعلن عن صفاته بهذه الطريقة: "الرب ، الرب ، الإله الرؤوف والرحوم، بطيء الغضب، وكثير الرحمة والوفاء" خروج 34: 6ب. هل لاحظت هذه العبارة "بطيء الغضب"؟ إن الله صبور للغاية لدرجة أنه لا يعاقب الناس على الفور، بل غالبًا ما يمتنع عن إصدار حكمه، حتى لفترة طويلة.

يقتبس آرثر بينك كلمات ستيفن تشارنوك عن صبر الله بهذه الطريقة:

إن اللطف جزء من الصلاح والرحمة الإلهية، ولكنه يختلف عن كليهما. فالله هو أعظم الصلاح، وهو يتمتع بأعظم اللطف؛ واللطف هو دائمًا رفيق الصلاح الحقيقي، وكلما كان الصلاح أعظم، كان اللطف أعظم. من هو القدوس مثل المسيح، ومن هو الوديع مثله؟ إن بطء الله في الغضب هو فرع من رحمته: "الرب رحيم بطيء الغضب" مزمور 145 :8. [16]

وفيما يلي بعض الإشارات إلى صبر الله في العهد القديم:

الأعداد 14: 18 - الرب بطيء الغضب وكثير الرحمة ويغفر الإثم والعصيان .

المزمور 86: 15 - أما أنت يا رب فإنك إله رحيم ورؤوف، بطيء الغضب، وكثير الرحمة والوفاء.

---

[15] في حين يمكن النظر إلى صبر الله باعتباره صفة خاصة به، كما في هذا الإصحاح، يمكننا أيضًا النظر إلى صبره كنتيجة لصفات أخرى، مثل الشفقة والرحمة. لهذا السبب نجد غالبًا في الكتاب المقدس صبر الله يظهر جنبًا إلى جنب مع أو بعد المصطلحات التي تصف طبيعته الشفقة والرحمة والنعمة. انظر مختلف الآيات المدرجة في هذا الإصحاح والتي تشهد على هذه الحقيقة.

[16] صفات الله، ص79 .

89

المزمور 103: 8 - الرب رحيم ورؤوف، بطيء الغضب، وكثير الرحمة.

المزمور 145: 8 - الرب حنون ورؤوف، بطيء الغضب وكثير الرحمة.

في حين يشرح يونان سبب هروبه من أمر الله بالتبشير لأهل نينوى، يسلط الضوء على صبر الله كسبب لعصيانه. "فصلى إلى الرب قائلاً : أليس هذا ما قلته يا رب وأنا بعد في البيت؟ هذا ما حاولت منعه بالهرب إلى ترشيش. علمت أنك إله رؤوف ورحيم بطيء الغضب وكثير الرحمة، إله يندم على الشر" يونان 4: 2، التشديد من عندي. بعبارة أخرى، عرف يونان النبي عن صبر الله وأنه سيغفر حتى لأهل نينوى الأشرار إذا تابوا. لم يكن يريد أن يغفر لهم. لذلك رفض أن يكرز لهم بالإنجيل - حتى جعله الله يطيع أمره! وهذا يوضح بوضوح أن صبر الله، إلى جانب محبته للخطاة، جعله يغفر حتى لأهل نينوى الأشرار. وكتب النبي ناحوم أيضًا، أثناء تبشيره لأهل نينوى بعد سنوات عديدة، عن صبر الله عندما دعاهم إلى التوبة، "الرب هو الذي يتوب ويتوب" . "بطيء الغضب وعظيم القدرة. الرب لا يترك المذنب بلا عقاب" ناحوم 1: 3 !

بالنسبة لأولئك الذين يقولون إن إله العهد القديم هو إله معاقب فقط ونادرًا ما يظهر المحبة، فإن هذه الآيات المذكورة أعلاه تقف بمثابة توبيخ. ما أعظم صبر الله على الناس الذين أخطأوا لفترات طويلة!

عندما نأتي إلى العهد الجديد، نجد عدة مراجع تسلط الضوء على صبر الله. وفيما يلي بعض منها:

رومية 2: 4 - أم تستهين بغنى لطفه وحلمه ورحمته؟ الصبر، وعدم إدراك أن لطف الله يهدف إلى قيادتك إلى التوبة؟

1 تيموثاوس 1: 16 - ولكن لأجل ذلك عينه رحمت، حتى يظهر المسيح يسوع فيّ أنا أشر الخطاة صبره العظيم، مثالاً للذين يؤمنون به وينالون الحياة الأبدية.

بعد أن قال بولس: "إن المسيح يسوع جاء إلى العالم ليخلص الخطاة الذين أنا أولهم" 1 تيموثاوس 1: 15، استطرد قائلاً إنه على الرغم من أنه كان أسوأ الخطاة، "فإنني لهذا السبب رُحِمت". لماذا؟ بهذه الطريقة، استطاع يسوع أن

"يُظهر صبره العظيم مثالاً لأولئك الذين يريدون أن يؤمنوا به وينالوا الحياة الأبدية". بعبارة أخرى، إذا كان الله صبورًا جدًا مع بولس، الذي حارب يسوع كثيرًا ومع ذلك خلصه، ألا يخلص أيضًا الخطاة الآخرين - إذا قبلوا عرضه للحياة الأبدية بوضع إيمانهم في ابنه يسوع؟

ويشير بطرس أيضًا إلى صبر الله في الماضي عندما كان الفلك يُبنى: "فصبر الله في أيام نوح حين كان الفلك يُبنى، فلم ينجُ فيه إلا قليلون، ثمانية، بالماء" 1 بطرس 3: 20. وفي صبره الهائل، انتظر الله أكثر من 100 عام حتى يتوب الناس، وبالتالي تجنب دينونته. كان بإمكانه أن يقتلهم جميعًا على الفور بسبب شرورهم. ومع ذلك، تسبب صبره في تأخير الدينونة لفترة طويلة جدًا - على الرغم من أنه كان يعلم أنهم لن يتوبوا تكوين 6: 13، 18.

يقول بولس شيئًا مشابهًا جدًا في رومية 9: 22 ، "الله، مع أنه اختار أن يظهر غضبه ويُظهر قوته، احتمل بصبر عظيم أغراض غضبه المُعدة للهلاك". إنه صبور حتى مع الأشخاص الذين سيواجهون في النهاية غضبه وهلاكه لفشلهم في الرجوع إليه بالتوبة. إنه لأمر لا يصدق عندما نتوقف ونفكر في صبر الله تجاه أولئك الذين سيظلون يرفضونه في التحليل النهائي!

فما هي إذن آثار هذه الصفة من صفات الله في حياتنا؟

للمسيحيين

إننا يجب أن نتحلى بالصبر في علاقاتنا مع بعضنا البعض. وهذا هو المعنى الرئيسي. فكثيراً ما نغضب بسرعة من الناس. وهذا الموقف يؤدي أحياناً إلى الانتقام بطرق مؤذية لأننا نشعر بالأذى. ومع ذلك، فإن الكتاب المقدس يدعونا مراراً وتكراراً إلى التحلي بالصبر (البطء في الغضب) في علاقاتنا مع بعضنا البعض.

> الأمثال 19: 11 – حكمة الإنسان تُنتج الصبر، ومن فخره أن يتغاضى عن الإساءة.

> 1 كورنثوس 13: 4 – المحبة صبورة، المحبة لطيفة، لا تحسد، لا تتفاخر، لا تتكبر.

كولوسي 3: 12 - لذلك، كشعب الله المختار، المقدس والمحبوب، البسوا رأفة، ولطفاً، وتواضعاً، ووداعة، وطول أناة.

أفسس 4: 2 - أن تكون متواضعًا ولطيفًا تمامًا؛ كن صبورًا، متحملاً بعضكم البعض في المحبة.

1 تسالونيكي 5: 14 - ونحن نحثكم أيها الإخوة والأخوات، أن تحذروا العاطلين عن العمل والمخربين، وأن تشجعوا المحبطين، وأن تساعدوا الضعفاء، وأن تتحملوا الجميع.

يذكّر بطرس المؤمنين بصبر الله على خاصته وهو ينتظر توبتهم بهذه الكلمات: "لا يتباطأ الرب عن وعده كما يظن البعض التباطؤ، بل يتأنى علينا وهو لا يشاء أن يهلك أحد، بل أن يقبل الجميع إلى التوبة" 2 بطرس 3: 9.

من خلال التأمل المستمر في مدى صبر الله علينا قبل أن نأتي إليه وما زال صبورًا معنا - نحن الذين نخذله كثيرًا بعد أن أصبحنا أبنائه - يمكننا أيضًا أن نطور روح الصبر عند التعامل مع الناس - حتى أصعبهم عندما يخطئون ضدنا! لا نحتاج إلى الانتقام حتى عندما نتعرض للإهانة أو التغاضي مرارًا وتكرارًا. كما نصح سليمان بحكمة، "من المجد للإنسان التغاضي عن الإساءة" أمثال 19: 11ب! قال كريسوستوم، أحد قادة الكنيسة من الماضي، "الرجل الصبور هو الشخص الذي لديه الموارد والفرصة للانتقام لنفسه، ويختار الامتناع عن ممارسة هذه الأشياء".

ولم يعامل أحد لينكولن بقدر أعظم من الازدراء الذي تلقاه من إدوين ستانتون، الذي ندد بسياسات لينكولن ووصفه بأنه "مهرج حقير ماكر". وكان ستانتون قد أطلق عليه لقب "الغوريلا الأصلية". وقال إن المستكشف بول دو تشايلو كان أحمقاً لأنه تجول في أفريقيا محاولاً اصطياد غوريلا بينما كان بوسعه أن يصطادها بسهولة في سبرينغفيلد بولاية إلينوي. ولم يرد لينكولن بشيء. بل إنه عين ستانتون وزيراً للحرب لأنه كان أفضل رجل لهذه الوظيفة. وكان يعامله بكل لطف. ومرت السنوات.

لقد حل الليل عندما أصابت رصاصة قاتلة لينكولن في أحد المسارح. وفي غرفة تقع على الجانب الذي نُقِل إليه جثمان لينكولن، وقف ستانتون تلك الليلة. وبينما كان ينظر إلى وجه الرئيس الصامت الخشن، قال ستانتون من بين دموعه: "هنا يرقد أعظم حاكم بشري رآه العالم على الإطلاق".

لقد انتصر صبر المحبة في النهاية كما تذكرنا رسالة رومية 12: 21: "لا يغلبك الشر بل اغلب الشر بالخير". إن الله صبور جدًا حتى مع الأشرار الذين يسخرون منه باستمرار. ألا ينبغي لنا أن نقتدي به بالصبر على أولئك الذين يؤذوننا؟ مثل الآب، مثل الأبناء! هذا هو الهدف!

كيف يمكننا أن ننمي الصبر؟ من المهم أن نتذكر أننا لا نستطيع أن ننتج هذا الصبر بمفردنا. فنحن بحاجة إلى الروح القدس لكي يعمل هذه الصفة من الصبر في حياتنا. ومن خصائص "ثمر الروح هو... الصبر" غلاطية 5: 22-23. عندما نجعل من الخضوع للروح القدس (الذي يعني عيش حياة طاعة للكتاب المقدس) عادة، فإنه (الروح القدس) ينتج ثمر الصبر فينا. وهذا هو الطريق إلى تنمية وإظهار روح الصبر في علاقاتنا مع بعضنا البعض.

لغير المسيحيين

إن صبر الله في التعامل مع الخطاة يظهر في انتظاره قرابة قرن من الزمان حتى يتوب الناس. لقد أعطاهم فرصًا متعددة للتوبة عندما استخدم نوحًا "كارز البر" 2 بطرس 2: 5 ليدعوهم مرارًا وتكرارًا إلى التخلي عن خطاياهم والتوجه إليه بالإيمان. ومع ذلك، عندما فشلوا في التوبة، حكم عليهم الله.

وبنفس الطريقة، فكما يُظهر الله صبره تجاهك، فإن نيته هي أن تتوب، كما يذكرنا بولس في رومية 2: 4، "أم تزدري غنى لطفه وطول أناته وصبره، غير عالم أن لطف الله إنما هو ليقودك إلى التوبة؟" ولكن إذا فشلت في التوبة، فهناك تحذير كما هو موضح في الآيتين التاليتين: "ولكن من أجل عنادك وقلبك غير التائب، تخزن لنفسك غضبًا ليوم غضب الله واستعلان دينونته العادلة. سيجازي الله كل واحد حسب عمله" رومية 2: 5-6.

إن العهد القديم يصدر نفس التحذير أيضاً. فمجرد أنك لا تحاكم اليوم لا ينبغي أن يخدعك في الاعتقاد بأنك لن تحاكم أبداً في المستقبل. هذا هو تحذير الله من سفر الجامعة 8: 11-13، "عندما لا يتم تنفيذ الحكم على الجريمة بسرعة، تمتلئ قلوب الناس بالمخططات لفعل الشر. ومع أن الشخص الشرير الذي يرتكب مائة جريمة قد يعيش طويلاً، فأنا أعلم أنه سيكون أفضل لأولئك الذين يخافون الله، والذين يتقونه. ولكن لأن الأشرار لا يخافون الله، فلن يكون لهم خير، ولن تطول أيامهم مثل الظل". فقط لأن كل شيء

على ما يرام اليوم، من فضلك لا تفترض أن كل شيء سيكون على ما يرام غدًا! إذا لم تلجأ إلى الله وتثق في ابنه، يسوع المسيح، فلن يكون الأمر على ما يرام بالنسبة لك، كما يعلمنا سفر الجامعة 8: 13. ينتظرك الدينونة الأبدية. أقول هذا بقلب منكسر ومحب. لكن هذه كلمات صادقة. يرجى أخذهم على محمل الجد.

إن الله الصبور الذي يتأنى ويبطئ الغضب هو أيضاً إله الغضب (ارجع واقرأ الفصل "غضب الله"). فهو سيدين كل من يرفض ابنه. إن صبره له حدود. وإذا استمررت في قسوة قلبك وتجاهلت صبره تجاهك، فكل ما تبقى لك هو مواجهة غضبه الكامل والنهائي. من فضلك لا تخطئ في فهم صبر الله على أنه رضا الله عنك. فهو غير راضٍ عنك طالما أنك تعيش حياة تمرد على أوامره. لذا، من فضلك ابتعد عن خطاياك واتجه إلى يسوع اليوم!

أسئلة للمناقشة

- كيف أثر هذا الإصحاح على وجهة نظرك حول قداسة الله؟

- ما هي التغييرات التي يمكنك إجراؤها في حياتك في ضوء هذه الصفة من صفات الله؟

- كيف تؤثر هذه الصفة من صفات الله على صلواتك؟

- كيف تؤثر هذه الصفة من صفات الله على تبشيرك؟

آية كتابية للتأمل والحفظ

المزمور 103: 8 –الرب رحيم ورؤوف، بطيء الغضب، وكثير الرحمة.

الصلاة

يا أبتي، إنني أتعجب من صبرك عليّ. فبالرغم من أنني أسقط مراراً وتكراراً كل يوم، إلا أنك تستمر في تحملي. وحتى عندما تؤدبني، فإنك تفعل ذلك بحب من أجل مصلحتي. أرجوك ساعدني على عدم اعتبار صبرك أمراً مسلماً به. احميني من حزن روحك بسبب نفاد صبري تجاه الآخرين. أرجوك ذكرني أنه كما أنك بطيء الغضب ولا تتعامل معي وفقاً لخطاياي، يجب عليّ أيضاً أن أظهر صبراً أعظم تجاه الآخرين. ساعدني لأكون أكثر شبهاً بابنك يسوع، الذي أظهر صبراً عظيماً في التعامل مع الأشخاص الصعبين عندما سار على هذه الأرض. آمين!

الصفة 12: طبيعة الله غير المتغيرة

طبيعة الله غير المتغيرة، والتي توصف أيضًا بعدم قابليتها للتغيير،
تعني أنه غير متغير في
كينونته وفي كل أغراضه.

إن التعريف أعلاه لا يعني أن الله لا يستطيع أن يشعر بالعواطف أو يتصرف بشكل مختلف في المواقف المختلفة. بل يعني أنه لا ينمو ولا يضمحل أبدًا. ليس له بداية ولا نهاية. وهو غير قادر على التغيير للأفضل أو للأسوأ. فهو ليس شيئًا اليوم كما كان بالأمس. كما أنه ليس أكثر قداسة ولا أقل قداسة، ولا محبة، ولا رحمة مما كان عليه أو سيكون عليه في المستقبل. فهو لم يزد أو ينقص أو حتى ينقص في أي من صفاته.[17]

الله لا يتغير في كينونته

عندما كشف الله عن نفسه لموسى، قال: " أنا هو الذي هو " خروج 3: 14. إنه هو إلى الأبد. عندما تحدث الله من خلال ملاخي، أكد على طبيعته التي لا تتغير بقوله: "أنا الرب لا أتغير" 3: 6 أ. يذكرنا يعقوب أن الله "لا يتغير مثل الظلال المتحركة" 1: 17 ب. لهذا السبب غالبًا ما يُقارن الله بالصخرة التي لا تتزعزع مقارنة بالمحيط المحيط الذي يتقلب باستمرار: "هو الصخرة، أعماله كاملة، وكل طرقه عادلة. إله أمين لا يفعل ظلمًا، بار وعادل هو" تثنية 32: 4.

يقول كاتب المزمور ، عند مقارنة أشياء مثل الأرض والسماوات التي قد تبدو دائمة من وجهة نظر بشرية ومن وجهة نظر الله، هذا:

مزمور 102: 25-27 - في البدء وضعت أسس الأرض، والسموات هي عمل يديك. هم يهلكون وأنت تبقى، كلهم يبلون كالثوب، وكالثوب تغيرهم فيذهبون، وأنت تبقى كما أنت، وسنينك لن تنتهي.

---

[17]تم تعديل أجزاء من هذه الفقرة من كتاب رولاند ماكون، اللاهوت المنهجي ، المجلد 1، ص 236.

يؤكد كاتب المزمور أن الله كما كان موجودًا قبل خلق السماوات والأرض، فإنه سيظل موجودًا حتى بعد تدميرهما. وبصفته الخالق، فهو لا يتغير. ومن المثير للاهتمام أن كاتب العبرانيين طبق هذه الآيات على يسوع المسيح في عبرانيين 1: 10-12. وفي وقت لاحق، وصف يسوع المسيح أيضًا بأنه "هو هو أمس واليوم وإلى الأبد" عبرانيين 13: 8. وبقوله إن يسوع يمتلك نفس الصفة الإلهية، يؤكد الكاتب مساواة يسوع بالآب.

لقد نجحت AW Pink في التقاط جوهر كون الله غير متغير بهذه الطريقة:

> "كل ما هو (الله) اليوم، كان وسيظل إلى الأبد... لا يمكنه أن يتغير إلى الأفضل؛ لأنه كامل بالفعل؛ ولأنه كامل، لا يمكنه أن يتغير إلى الأسوأ. ولأنه غير متأثر بأي شيء خارج ذاته، فإن التحسن أو التدهور أمر مستحيل. فهو هو نفسه إلى الأبد."[18]

الله لا يتغير في مقاصده

إن الله ليس فقط غير متغير في كينونته، بل إنه أيضًا غير متغير في كل مقاصده. وتؤكد العديد من آيات الكتاب المقدس هذه الحقيقة. وفيما يلي بعض منها:

> أيوب 23: 13 - لكنه يقف وحيدًا، ومن يستطيع أن يعارضه؟ فهو يفعل ما يشاء.

> أيوب 42: 2 - أعلم أنك قادر على كل شيء، ولا يمكن إحباط أي هدف من أهدافك.

> المزمور 33: 11 - وأما أفكار الرب فتثبت إلى الأبد وأفكار قلبه إلى دور فدور.

> المزمور 3:115 - إلهنا في السماء، يفعل كل ما يشاء.

> إشعياء 46: 10 - أنا أعلم النهاية منذ البداية، منذ العصور القديمة، وما هو آتٍ. أقول: "سيبقى غرضي، وسأفعل كل ما أريد".

---

[18] آرثر بينك، صفات الله ، ص47.

يؤكد ميخا على محبة الله في العهد والتزامه بالوعود التي قطعها لإسرائيل حتى عندما بدت الأمور قاتمة للغاية: "من هو إله مثلك يغفر الإثم ويغفر ذنب بقية ميراثه؟ لا تغضب إلى الأبد بل تسر بالرحمة. تعود ترحمنا وتدوس خطايانا وتطرح في أعماق البحر جميع آثامنا. تكون أمينًا ليعقوب وترحم إبراهيم كما أقسمت لآبائنا في الأيام القديمة " ميخا 7: 18-20، التشديد مني. هذه الآيات، من بين أمور أخرى، تضمن حفظ الله لإسرائيل.[19]

في أثناء الكتابة إلى المؤمنين المتألمين، شجع كاتب العبرانيين المؤمنين على الثبات في إيمانهم بتذكيرهم بالتزام الله الدؤوب بتحقيق كل وعوده الصالحة لشعبه، وخاصة الميراث الموعود الذي لم يأت بعد. كتب هذا في عبرانيين 6: 17-18: "لأن الله أراد أن يجعل طبيعة قصده غير المتغيرة واضحة تمامًا لورثة الوعد، أكدها بقسم. فعل الله هذا حتى، بأمرين غير متغيرين لا يمكن أن يكذب فيهما الله، نتشجع كثيرًا نحن الذين هربنا لنتمسك بالرجاء الموضوع أمامنا" (التشديد من عندي).

لقد قرر الله منذ الأزل كل ما خطط له ليحققه. فهو لا يحتاج إلى مراجعة خططه بناءً على معرفة جديدة أو بسبب نقص في القوة. لقد كان الله دائمًا كلي العلم (كل شيء) وكلي القدرة (كل شيء). وسوف يحقق كل ما خطط له.

وهذا يثير سؤالا مهما.

هل يغير الله رأيه أحيانًا؟

إذا كان الله ثابتًا (غير متغير) في كينونته وأغراضه، فماذا عن تلك الحالات التي نقرأ فيها عن رجوع الله (التوبة أو الندم) أو ظهوره بطريقة أخرى وكأنه يغير رأيه؟[20]

> تكوين 6:6 - فندم الرب على أنه عمل الإنسان على الأرض، واضطرب قلبه جداً.
>
> 1 صموئيل 15: 11أ – أنا نادم على أني جعلت شاول ملكا لأنه رجع عني ولم ينفذ تعليماتي.

---

[19] المزمور 89، وخاصة الآيات 33-37

[20] انظر أيضًا 2 صموئيل 24: 16، ويؤيل 2: 13-14 التي تتحدث عن تغيير الله لرأيه.

هناك أيضًا حالات أخرى هدد فيها الله بالدينونة، ولأن الناس صلوا، وفي بعض الحالات غيروا طرقهم،[21] فقد تراجع ولم يحقق الدينونة الموعودة. وتشمل الأمثلة، على سبيل المثال لا الحصر، ما يلي:

- لقد توسط موسى بنجاح في الصلاة لمنع الله من تدمير شعب إسرائيل خروج 32: 9-14. ولأن بني إسرائيل كانوا "شعبًا قاسي الرقبة" الآية 9، فقد سعى الله إلى "إبادتهم" الآية 10. لذلك، "طلب موسى وجه الرب إلهه" الآية 11. ونتيجة لشفاعته، "ندم الرب ولم ينزل الشر بشعبه الذي تكلم به" الآية 14.

- أضاف الله خمسة عشر عامًا إلى عمر حزقيا إشعياء 38: 1-6. عندما "مرض حزقيا وكان على وشك الموت"، أرسل الله إشعياء ليخبره أن يرتب "بيته" لأنه "سيموت" الآية 1. عندما سمع حزقيا هذا، "صلى إلى الرب " الآية 2. متأثرًا بصراخه الصادق، قال الله لحزقيا، من خلال إشعياء، "لقد سمعت صلاتك ورأيت دموعك. سأضيف إلى حياتك خمس عشرة سنة" الآية 5.

كيف نوفق بين هذه الأمثلة وبين آيات الكتاب المقدس مثل تلك المذكورة أدناه (بالإضافة إلى العديد من الأمثلة المذكورة سابقاً) التي تؤكد طبيعة الله غير المتغيرة؟

> الأعداد 23: 19 - الله ليس إنساناً فيكذب، وليس إنساناً فيغير رأيه، هل يتكلم ثم لا يعمل؟ هل يعد ثم لا يفي؟

> 1 صموئيل 15: 29 - الذي هو مجد إسرائيل لا يكذب ولا يتراجع عن رأيه. لأنه ليس إنساناً فيتراجع عن رأيه.

هناك العديد من الأسئلة التي تثار. إذا كان هناك تغيير في الله، ألا يتعارض هذا مع الآيات التي تؤكد على طبيعته غير المتغيرة؟ هل يعني هذا أن الله ليس ثابتًا أو غير قادر على تحقيق مقاصده؟ بما أن هذه القضية قد حيرت بعض الناس، فمن الأهمية بمكان تناول هذا الموضوع، ولو بشكل موجز.

---

[21] يونان 3: 6-10

يقدم واين جرودم في كتابه "عقيدة الكتاب المقدس " هذا التفسير المفيد:

> ينبغي أن نفهم كل هذه الأمثلة باعتبارها تعبيرات حقيقية عن موقف الله الحالي أو نيته فيما يتعلق بالموقف كما هو موجود في تلك اللحظة. وإذا تغير الموقف، فمن الطبيعي أن يتغير موقف الله أو تعبيره عن نيته أيضًا. وهذا يعني ببساطة أن الله يستجيب بشكل مختلف للمواقف المختلفة.[22]

بعبارة أخرى، فإن الله الذي لا يتغير كثيراً ما يغير تعاملاته مع الناس المتغيرين بما يتفق مع صفاته الأخرى التي تتحدث عن محبته ورحمته. وتعليقات رولاند ماكون مفيدة مرة أخرى في هذه القضية:

> "إن الثبات لا يعني الثبات. بل إن موقف الله الذي لا يتغير، وخاصة فيما يتعلق بالخطيئة، إلى جانب وجود الشر والوكلاء الأخلاقيين الأحرار يعني أن تعاملات الله تتغير. أي أن أسلوبه في معاملة الناس يتغير؛ ويتغير توجه الله عندما ينتقل الإنسان إلى علاقة أخلاقية مختلفة معه."[23]

فكر في الأمر. إذا لم يكن الله يستجيب بشكل مختلف عندما يتصرف الناس بشكل مختلف، فإن أفعالنا، مثل الصلاة أو تغيير طرقنا، لن تحدث فرقًا بالنسبة لله. لكننا رأينا بالفعل كيف أن صلوات موسى وحزقيا غيرت أفعال الله لأنها كانت لا تزال متوافقة مع مقاصده السيادية. دعونا ننظر كيف تسببت أفعال الناس في "تغيير" الله لمعاملاته معهم من خلال النظر إلى أحد الأمثلة، أهل نينوى، الذين أرسل الله إليهم يونان.

عندما رأى الله شرور أهل نينوى، أرسل يونان ليعلن حكمه: "اذهب إلى نينوى المدينة العظيمة وناد عليها، لأن شرها قد صعد أمامي" يونان 1: 2. وكانت الرسالة: "أربعين يومًا تنقلب نينوى" يونان 3: 2 . وبينما لم تكن هناك أي إشارات صريحة إلى أن الله سيمنع حكمه إذا تابوا، كان من الواضح أنه إذا غيروا طرقهم، فلن يحقق الله الحكم المقصود. لقد فهم ملك نينوى ذلك، ولهذا أعلن هذا المرسوم:

---

[22] واين جرودم، عقيدة الكتاب المقدس)جراند رابيدز: ميشيغان، زوندرفان، (1999، ص .73الكتابة المائلة له وليست لي.

[23] رولاند ماكون، اللاهوت المنهجي ، ص 241.

يونان 3: 7-9 – لا يذوق الناس ولا البهائم ولا المواشي ولا الغنم شيئاً، لا يأكلون ولا يشربون. بل ليتغطوا بالمسوح. وليطلب كل إنسان من الله أن يكف عن طرقه الشريرة وعنفه. فمن يدري؟ لعل الله يندم ويرجع برحمته عن غضبه الشديد فلا نهلك.

لقد أدرك الملك أن الغرض الحقيقي من إرسال الله للإنذار هو أن يتوبوا وبالتالي يتجنبوا الدينونة. وهذا ما حدث بالضبط: "فلما رأى الله أعمالهم وكيف رجعوا عن طرقهم الرديئة ندم ولم ينزل بهم الهلاك الذي هددهم به" يونان 3: 10 . في الواقع، تؤكد كلمات يونان أنه كان على علم بهذا التحول في الأحداث: "فصلى إلى الرب قائلاً : أليس هذا ما قلته يا رب وأنا بعد في البيت؟ هذا ما حاولت منعه بالفرار إلى ترشيش. علمت أنك إله رؤوف ورحيم بطيء الغضب وكثير الرحمة، إله يندم على الشر" يونان 4: 2، التشديد من عندي .

إن الله العليم بكل شيء، الذي يعرف كل شيء في الماضي والحاضر والمستقبل، لا يفاجأ أبدًا عندما يُظهر الناس تغييرًا في سلوكهم أو حتى عندما يصلون بجد. إن الله السيادي المحب والحكيم قد وضع حتى هذه التغييرات في سلوك البشر في الاعتبار في خططه الأبدية، الأمر الذي يؤدي إلى حجب حكمه.

إذا كنت تركب دراجة في مواجهة الرياح، ثم توقفت واستدرت، فقد تظن أن الرياح تغيرت لأنها تحولت من إعاقتك إلى مساعدتك. في الواقع، لم تتغير. بل أنت من تغير.

يخبرنا الله من خلال النبي حزقيال أنه عندما يسلك الناس الطريق الخطأ فإنهم يتحولون إلى طريق الله من خلال الانتباه إلى تحذيرات الله، وبالتالي فإنهم ينتقلون من مكان وجودهم تحت غضب الله إلى مكان وجودهم تحت يده الصالحة للحماية.

حزقيال 18: 21-23 – ولكن إذا رجع الشرير عن جميع خطاياه التي فعلها وحفظ جميع فرائضي وفعل عدلاً وصدقاً، فإن ذلك الإنسان يحيا حياة لا يموت. ولا تذكر عليه خطاياه التي فعلها. بل يحيا بسبب أعمال البر التي عمل بها. هل أفرح بموت الشرير يقول السيد الرب . بل هل لا أفرح برجوعه عن طرقه وحياته؟

ببساطة، يبدو الأمر وكأن الله يعد الناس بأنه إذا تابوا، فسوف يتراجع عن إنزال الحكم عليهم. وإذا لم يتوبوا، فلن يتراجع عن صب غضبه عليهم. بطبيعته، لا يسر إله الكتاب المقدس بإلقاء الناس في الجحيم الأبدي. على العكس من ذلك، فإنه يسر بغفران خطاياهم وإظهار الرحمة ميخا 7: 18ج إذا غيروا طرقهم وسعوا إليه بقلب صادق. هذه الحقيقة مبنية بالفعل في خطة الله وهدفه المحددين مسبقًا. لذا، فليس الأمر أنه يغير رأيه على هذا النحو. عندما يغير الناس طرقهم، بدلاً من مواجهة غضبه، فإنهم ينالون رحمته.

يُلخص جون ماك آرثر قضية تغيير الله لرأيه بهذه الطريقة:

> إن الطريقة التي يقف بها الإنسان أمام الله هي التي تحدد ما يحدث له. فلا يمكنك أن تلوم الشمس على إذابة الشمع وتصلب الطين. فالمشكلة تكمن في جوهر هذه الأشياء، وليس في الشمس. فالله لا يتغير أبداً. وسوف يستمر في مكافأة الخير ومعاقبة الشر.[24]

فما هي إذن دلالات طبيعة الله غير المتغيرة؟

النتيجة الأولى: ينبغي أن يجلب الراحة للمؤمنين

إن طبيعة الله الثابتة هي واحدة من أهم صفاته الأخرى وأكثرها راحة للمؤمن، وخاصة عندما نقارنها بالطبيعة المتقلبة للبشر . كم سريعًا ما تغير الحشد الذي رحب بالرب يسوع بصيحات "هوشعنا... هوشعنا" متى 21: 9 إلى الصراخ "أصلبه" متى 27: 22ب ، بعد خمسة أيام فقط! لقد شهدنا جميعًا خذلان الأصدقاء أو أفراد الأسرة أو زملاء العمل أو الجيران لنا. وفي هذا الصدد، للأسف، خذلنا أيضًا الآخرين. لكن الله، كونه الصخرة، يظل ثابتًا، ليس فقط في كينونته ولكن أيضًا في مقاصده. وأحد مقاصده يتضمن الحفاظ على كل من وثقوا به بوضع إيمانهم في يسوع آمنين حتى النهاية!

يتحدث بولس عن هذا التأكيد في فيلبي 1: 6، "واثقًا بهذا أن الذي بدأ فيكم عملاً صالحًا يكمل إلى يوم يسوع المسيح". ويعدنا بأنه "لا شيء في الخليقة

---

[24] الله يواجه جلالته وجهًا لوجه ، ص 35.

كلها يقدر أن يفصلنا عن محبة الله التي في المسيح يسوع ربنا" رومية 8: 39ب . ويؤكد يسوع نفسه لكل من ينتمون إليه بهذه الكلمات المعزية، "أنا أعطيها حياة أبدية ولن تهلك إلى الأبد. لا يخطفها أحد من يدي" يوحنا 10: 28 . وكأن هذا ليس كافيًا، فقد واصل أيضًا تأكيده لنا أن الآب لديه نفس الالتزام في الحفاظ علينا آمنين حتى النهاية: "لا يقدر أحد أن يخطف من يد أبي" يوحنا 10: 29ب .

إن طبيعة الله غير المتغيرة تضمن تحقيق هذه الوعود وغيرها الكثير، مثل مجيء يسوع في المجد متى 25: 31 ، وخلق سماء جديدة وأرض جديدة إشعياء 65: 17؛ رؤيا 21: 1 ، ومسح كل دموعنا، وإلغاء الموت والحزن والبكاء والألم مرة واحدة وإلى الأبد رؤيا 21: 4 . ولهذا السبب عندما تضربنا عواصف الحياة (وسوف تضربنا)، يمكننا أن نعتمد على إله الكتاب المقدس، الصخرة الثابتة التي لا تتغير، والتي تستحق تمامًا ثقتنا التي لا تتزعزع.

لن يفشل أي من وعوده لأنه إله "لا يستطيع أن يكذب" تيطس 1: 2 . إن فهم طبيعة الله غير المتغيرة يساعدنا أيضًا على الصلاة بثقة، مع العلم أنه سيحقق كل أغراضه الصالحة والمجيدة لحياتنا، ويمكننا الاستمرار في المضي قدمًا بثقة حتى النهاية. إن وعده لإسرائيل (وبالتالي لجميع أبنائه) لا يزال قائمًا، وما أعظم العزاء الذي يجلبه ذلك عندما نحتضن بكل قلبنا الحقيقة حول طبيعة الله غير المتغيرة:

> إشعياء 54: 10 – وإن تهتز الجبال وتزعزعت التلال فإن رحمتي لكم لن تتزعزع، وعهد سلامي لن يتزعزع، يقول الرب الذي يرحمكم.

النتيجة الثانية: ينبغي أن يجلب الرعب إلى غير المؤمنين

عندما يأتي الماء الذي يمكنه أن يطفئ عطش الإنسان ويمنحه الحياة، فإنه يمكن أن يدمر حياة. كذلك هي طبيعة الله التي لا تتغير والتي تجلب الراحة لأولئك الذين هم أبناؤه من خلال الإيمان بيسوع ولكنها تنتج الاستجابة المعاكسة تمامًا، وهي الرعب، لأولئك الذين ما زالوا بعيدين عنه. لماذا؟ لأن موقفه تجاه الخطيئة يظل ثابتًا لأن الله قدوس وعادل وغاضب. لا يستطيع ولن يتحرك عن معاقبة الخطيئة.

إن الطوفان في زمن نوح، حيث دُمر الجنس البشري بأكمله، باستثناء نوح وعائلته، وحرق سدوم وعمورة، وغرق جيوش فرعون في البحر الأحمر، وتدمير القدس في عام 70 م، ليست سوى أمثلة قليلة لتذكيرنا بأن الله سوف يكره الخطيئة دائمًا وسيصدر الحكم عندما يستمر الناس في البقاء غير تائبين.

إن الله لم يغير رأيه بشأن الخطيئة. ولن يغير رأيه في المستقبل أيضًا! إن الإله القدوس الذي لا يستطيع أن ينظر إلى الخطيئة بعين الرضا حبقوق 1: 13 لا يستطيع إلا أن يدين كل من رفض أن يمجده رومية 3: 23 . ولن يغير رأيه مهما صرخوا في يوم الدينونة. لقد وعد بالانتقام من كل أعدائه الذين يرفضون أن يأتوا إليه بشروطه. وتشهد الآيات التالية على هذه الحقيقة:

تثنية 32: 40-42 – أرفع يدي إلى السماء وأقسم رسميًا: كما أعيش إلى الأبد، عندما أشحذ سيفي اللامع وأمسكه يدي للحكم، سأنتقم من أعدائي وأجازي أولئك الذين يكرهونني. سأسكر سهامي بالدم بينما يلتهم سيفي لحمًا: دم القتلى والأسرى ورؤوس قادة الأعداء.

حزقيال 8: 18 - لذلك سأعاملهم بغضب، ولا أنظر إليهم بشفقة ولا أشفق عليهم. ورغم أنهم يصرخون في أذني، فلن أستمع إليهم.

متى 13: 41-43 - يرسل ابن الإنسان ملائكته، فيزيلون من ملكوته كل من يفعل الخطيئة وكل من يفعل الشر، ويطرحونهم في أتون النار المتقدة، هناك يكون البكاء وصرير الأسنان.

حينئذ يضيء الأبرار كالشمس في ملكوت أبيهم. من له أذنان فليسمع.

2 تسالونيكي 1: 6-9 – الله عادل: فهو يرد المتاعب لمن يضايقونك ويعطيك الراحة لمن يضايقك، ولنا أيضًا. وهذا سيحدث عندما يظهر الرب يسوع من السماء في نار متقدة مع ملائكته الأقوياء. وسوف يعاقب أولئك الذين لا يعرفون الله ولا يطيعون إنجيل ربنا يسوع. وسوف يعاقبون بالهلاك الأبدي والاستبعاد من حضرة الرب ومن مجد قوته.

في ضوء كل هذه الوعود بالدينونة القادمة (وقد ذكرنا عدداً قليلاً من الآيات أعلاه)، فماذا يجب عليك أيها القارئ العزيز، الذي ما زلت بعيداً عن الله، أن تفعل؟ يجب أن تطلب منه أن يفتح عينيك لترى من أنت حقاً –كخاطئ في نظره. افهم أن هذا الإله الذي يمنحك طعاماً لتأكله وأشياء أخرى كثيرة لتستمتع بها، على الرغم من عصيانك، سوف ينقلب عليك ذات يوم في غضب إذا استمريت في رفضه واخترت طريقتك الخاصة في الحياة.

لهذا السبب يجب أن تتوسل إليه لمساعدتك على الاعتراف بأنك خاطئ تمردت عليه بتجاهل وصاياه المقدسة. يجب أن تكون على استعداد للتحول عن مثل هذا النمط من الحياة وقبول الغفران الذي يقدمه من خلال ابنه يسوع. عاش يسوع الحياة المثالية التي لا يمكن لأحد أن يعيشها أبدًا، ولا حتى لثانية واحدة. مات على الصليب من أجل خطايانا، وأقامه الله في اليوم الثالث، موضحًا أنه قبل الدفع عن خطايانا. وبالثقة في يسوع وحده، يمكنك أن تغفر كل خطاياك. يمكنك أن تتلقى الروح القدس. يمكنك أن يكون لك موقف صحيح أمام الله. هذه هي الطريقة الوحيدة للهروب من هذا الدينونة الشرسة والنهائية القادمة.

وإذا تمكنت بنعمة الله من القيام بذلك، فبدلاً من الرعب، ستشعر بالراحة أيضًا وأنت تتأمل في الطبيعة غير المتغيرة لهذا الإله العظيم والمجيد وأب الرب يسوع المسيح. من فضلك لا تتأخر. تعال كما أنت. انحنِ على ركبتيك للملك يسوع. دع كل خطاياك تُغسل بدمه. استقبل حياة جديدة. استقبل روحه القدوس. عش بداية جديدة لن تندم عليها إلى الأبد!

أسئلة للمناقشة

1. كيف أثر هذا الإصحاح على وجهة نظرك حول قداسة الله؟

2. ما هي التغييرات التي يمكنك إجراؤها في حياتك في ضوء هذه الصفة من صفات الله؟

3. كيف تؤثر هذه الصفة من صفات الله على صلواتك؟

4. كيف تؤثر هذه الصفة من صفات الله على تبشيرك؟

آية كتابية للتأمل والحفظ

ملاخي 3: 6 – أنا الرب لا أتغير، وأنتم أيضًا لا تهلكون يا ذرية يعقوب.

الصلاة

يا أبتي، في عالم متغير باستمرار، من المريح جدًا أن أعرف أنك لا تتغير في طبيعتك وفي مقاصدك. غالبًا ما أنسى هذا وأقع في الشك والإحباط. اغفر لي هذه الخطيئة. من فضلك ساعدني على الثقة بك حتى عندما تبدو الأمور وكأنها تنهار وأن أستريح في حضورك دون القلق بشأن المستقبل. من فضلك استمر في تذكيري بأن كل وعودك الصالحة تتحقق في المسيح ربي، الذي سيأخذني بأمان إلى المنزل يومًا ما. آمين!

الخاتمة: شكرا لك

إذا وصلت إلى هذه المرحلة، أود أن أشكرك كثيرًا على استعدادك لقراءة هذا الكتاب. أتمنى حقًا أن يكون قلبك قد تشجع وأن تكون لديك نظرة أعلى إلى الله.

أود أن أقدم لك اقتراحًا عمليًا عندما يتعلق الأمر بحفظ صفات الله دائمًا أمامك. ربما سمعت اختصار ACTS الذي يجب استخدامه عندما يتعلق الأمر بالصلاة. إذا لم تكن قد سمعته، فإليك الاختصار:

- **(أ)** العبادة –اعتراف بالله كما هو في صفة أو أكثر من صفاته.
- **(ج)** الاعتراف: –الاعتراف بالخطايا وطلب المغفرة من الله.
- **(ت)** عيد الشكر: –شكر الله على نعمه في حياتك وفي حياة الآخرين.
- **(س)** الدعاء: –الدعاء إلى الله تعالى بطلب حاجات الآخرين وحاجاتك.

هذا هو **الجزء** الذي أود أن أشجعك على استخدامه حتى تظل صفات الله حاضرة في ذهنك دائمًا. اقرأ الصفات المختلفة المذكورة في هذا الكتاب والصفات الأخرى الواردة في الكتاب المقدس واحمد الله على كل منها. بهذه الطريقة، ستفكر باستمرار في من هو الله ولكنك ستتشجع أيضًا على متابعة حياة تتوافق مع هذه الصفة.

على سبيل المثال، خذ موضوع قداسة الله. إذا أردت أن تتأمل في هذا الموضوع، يمكنك أن تصلي على هذا النحو:

> يا أبتي، أعلم أنك قدوس. ليس هناك من يشبهك، مهيبًا في القداسة. أشكرك لأنك خلصت خاطئًا مثلي. ساعدني لأكون قديسًا مثلك.

يمكن أن يكون هناك سبب آخر وهو إخلاصه. يمكنك أن تصلي بشيء من هذا القبيل:

يا أبتي، أنت إله أمين إلى الأبد. يقدم الكتاب المقدس مثالاً تلو الآخر على إخلاصك لأولادك. لقد ذاقت هذا بنفسي مرات عديدة في الماضي. والآن، تضغط عليّ هذه التجارب وأشعر بالإحباط الشديد. إيماني ضعيف. من فضلك ساعدني على الثقة في إخلاصك لي. ساعدني على الإيمان بأنك ستجلب الخلاص قريبًا أو تمنحني المزيد من النعمة لتجاوز تجاربي.

وبما أن الله حكيم، فيمكنك أن تفكر في الصلاة بهذه الكلمات:

يا أبتي، أعلم أنك إله حكيم. فبحكمتك خلقت هذا الكون بأكمله. أنت تعلم كل شيء؛ أما أنا فلا أعلم. والآن أنا أجاهد في اختيار الطريق الذي يجب أن أسلكه فيما يتعلق بهذه المسألة بالذات. لا أعرف ماذا أفعل. ولكنني أتطلع إليك طلبًا للحكمة. لقد وعدت بإعطاء الحكمة لكل من يطلبك بصدق. لذا، أنا آتٍ. ساعدني حتى أتمكن من تمجيدك من خلال اتخاذ الاختيار الصحيح، حتى لو كان ذلك يعني أنه سيكون صعبًا. ساعدني على الإيمان بأن إرادتك هي الأفضل دائمًا بالنسبة لي وحميني من الاعتماد على حكمتي وفهمي.

عندما نبدأ صلواتنا بصفات الله، فإننا لا نضع الله في المقام الأول فحسب، بل سنشهد أيضًا نموًا أكبر في معرفتنا به، مما يؤدي إلى حب أكبر له.

ملاحظة: يمكنك أيضًا استخدام الأدعية النموذجية في نهاية كل سمة في هذا الكتاب لمساعدتك في تطوير هذه العادة.

نبذة عن المؤلف

أنا خاطئ خلصت فقط بفضل نعمة الرب يسوع. أنا من خلفية هندوسية براهمية (هندية) أرثوذكسية. لقد خلصني الرب في المقام الأول من خلال الشهادة المحبة والمخلصة والمثابرة لصديق مسيحي، فيجاي، هندوسي سابق اعتنق المسيح بنعمته، وأيضًا من خلال قراءة نسخة من الكتاب المقدس وضعها شخص مجهول على عتبة بيتي أثناء الدراسة في تكساس، الولايات المتحدة الأمريكية، في نفس الوقت. كانت كلمات يسوع في يوحنا 10: 11 ، "أنا الراعي الصالح. والراعي الصالح يبذل نفسه عن الخراف"، مقطعًا رئيسيًا من الكتاب المقدس تأثر به الروح القدس بعمق لإدخال هذا الخاطئ المتمرد إلى المعرفة الخلاصية للراعي والمخلص الكريم، الرب يسوع المسيح.

أنا محظوظ لأنني متزوج من جيتا وأنجب طفلين، بول وبريثي. وكلهم مؤمنون بنعمة الله. كما أنني أتمتع بامتياز عظيم يتمثل في خدمتي كقسيس لكنيسة جريس بايبل في وندسور، أونتاريو، منذ تأسيسها في عام 2003! إنهم مجموعة عظيمة من الإخوة والأخوات المحبين. والواقع أن خدمتهم أمر يسعدني.

يمكن العثور على مزيد من التفاصيل عني على www.gbc-windsor.org و www.biblebasedhope.org. إذا كنت تريد الاتصال بي مباشرة، يرجى مراسلتي عبر البريد الإلكتروني على Rk2serve@yahoo.com. تتوفر نسخ من هذا الكتاب على موقع أمازون، نسخة مطبوعة ونسخة Kindle. تتوفر أيضًا نسخة PDF مجانية من هذا الكتاب على المواقع المذكورة أدناه: https://english.biblebasedhope.com

https://gbc-windsor.org/

إذا كانت لديك أي أسئلة حول محتوى هذا الكتاب، فلا تتردد في الكتابة إليّ. أرحب بتعليقاتك. أدرك تمامًا حدودي وأسعى باستمرار إلى النمو في فهمي للكتاب المقدس.

Attributes of God -Arabic

ISBN:
978-1-954858-58-9 Paperback & PDF
978-1-954858-59-6 Ebook

Proclaim Publishers
1317 Edgewater Drive, Suite 4774, Orlando, Florida, 32804
proclaimpublishers.com

Published by Proclaim Publishers, 2025.

110

You may obtain this and many other fine resources made available by Proclaim Publishers by contacting us:

Web: proclaimpublishers.com

Email: info@proclaimpublishers.com

Postal Mail:

1317 Edgewater Drive, Suite 4774

Orlando, FL, 32804

SOLI DEO GLORIA

PROCLAIM PUBLISHERS

إن الهدف الأسمى للإنسان هو تمجيد الله والتمتع به إلى الأبد!

هكذا جاء في تعليم وستمنستر المختصر ردًا على السؤال الأول: "ما هي الغاية الأساسية للإنسان؟" ولكننا لا نمجد الله ولا نستمتع به إلى الأبد إذا لم يكن لدينا فهم صحيح لطبيعته. ولأن إله الكتاب المقدس لا يمكن فهمه إلا من خلال صفاته، فمن الأهمية بمكان أن ندرسها.

هذا الكتاب القصير الذي يتسم بأسلوب تأملي مليء بالرسوم التوضيحية والتطبيقات، كُتب في المقام الأول لمساعدة أتباع يسوع على النمو في فهمهم لإله الكتاب المقدس. ولكنه قد يكون مفيدًا أيضًا إذا لم تكن مسيحيًا ولكنك مهتم بمعرفة المزيد عن الإيمان المسيحي. يمكنك أنت أيضًا الاستفادة من هذا الكتاب الذي يسعى إلى مساعدتك على فهم طبيعة إله الكتاب المقدس الذي خلقك ويدعوك إلى إقامة علاقة معه.

على الرغم من أننا لن نستطيع أبدًا أن نفهم الله تمامًا لأنه غير محدود و"عظمته لا يمكن لأحد أن يدركها" مزمور 145: 3 ، إلا أننا، نحن المحدودون، لا نزال نتمتع بامتياز معرفته على أساس محدود. يعدنا العهد الجديد، كما نجده في صفحات الكتاب المقدس، بأننا جميعًا نستطيع أن نعرف الله "من الصغير إلى الكبير" عبرانيين 8: 11 . وهذا لا يمنحنا الراحة فحسب، بل يشجعنا أيضًا على السعي إلى معرفة أعمق به. وآمل أن يساعدك هذا الكتاب في القيام بذلك.

رام كريشنامورثي راعيًا لكنيسة جريس بايبل، التي تقع في وندسور، أونتاريو، كندا، لأكثر من عقدين من الزمان. وهو متزوج من جيتا، ولديهما طفلان. يمكن العثور على مزيد من التفاصيل عنه على .

arabic.biblebasedhope.com

ARABIC / عربي